A mes parents et mes sœurs,

A mes fils et mes petits-fils,

Que j'aime tant !

RECONNAISSANCE

Naître à soi-même ensemble

Florence Chambon
alias Floésie et Cie

© 2025 Florence Chambon
Édition : BoD · Books on Demand, 31 avenue Saint-Rémy,
57600 Forbach, bod@bod.fr
Impression : Libri Plureos GmbH, Friedensallee 273,
22763 Hamburg (Allemagne)
ISBN : 978-2-3225-7241-0
Dépôt légal : Avril 2025

Sommaire

Prologue..7
1. Raconter ma vie ?...9
2. Reconnaissance..13
3. La mort...19
4. Pourquoi..25
5. Liberté...29
6. Handicap...37
7. La colère..47
8. Silence...51
9. Les mots..71
10. Incompréhension...81
11. Confiance..89
12. Prises de conscience....................................97
13. Prendre soin..119
14. Spiritualité..163
15. Famille..197
16. Amitiés..237
17. Réconciliation...249
18. Survivante...259
Épilogue..265

Prologue

Publier mes textes : l'objectif thérapeutique est défini et doit être mis à l'œuvre pour remplir sa fonction.

Je sens la pression en moi à la seule évocation de cet objectif. Une pression qui me prend le thorax en étau, me met un nœud dans la gorge, me pousse à fuir...
Cette peur irrationnelle que je connais bien, la peur de me tromper, de mal faire, de ne pas être à la hauteur, de ne pas être à ma place, d'être critiquée, moquée, fustigée.

Rester cachée pour être heureuse.

S'exposer, se montrer, se faire entendre, c'est s'exposer aux sarcasmes, aux jugements, à la bêtise, à l'ignorance, au manque de compassion, d'humanité des autres... c'est une torture énorme que je ne veux/peux pas m'infliger. (C'est aussi une supposition qui peut être blessante pour vous qui me lisez. Désolée, ce n'est pas mon intention.)

Et paradoxalement, j'ai un besoin de reconnaissance énorme qui ne peut pas être nourri si je ne prends pas ce risque, si je n'accepte pas les critiques même déplacées.

Mes dents se serrent. Tout mon corps refuse d'avancer dans cette direction trop périlleuse, trop dangereuse, trop insécure pour moi.
Mon corps a appris à « fermer sa gueule ». Parfois, il se rebelle et crie fort. Et comme il constate que c'est inefficace voire contre-productif, il retourne dans sa caverne, sa prison dorée où il est seul à se comprendre, s'aimer, s'accepter (car il a fini par y arriver à peu

près et c'est déjà un exploit, le fruit d'un travail de dizaines d'années, seule ou accompagnée, souvent seule).

Le but est de sortir de cette boucle infernale qui fonctionne depuis plus d'un demi-siècle. J'ai bien essayé déjà d'exprimer au fur et à mesure ce que je ressentais pour ne pas en arriver à l'implosion/explosion mais je ne suis toujours pas entendue, respectée, acceptée, reconnue.

Notamment par les miens, mes proches, ma famille. "Nul n'est prophète en son pays". C'est tellement vrai et dur à la fois.
Tout ce qu'on fait depuis toujours est pour eux, pour les satisfaire, pour les rendre fiers, heureux... et au final, eux ne vous reconnaissent pas, ne voient pas tout ça, ne sont pas capables de vous montrer leur reconnaissance s'ils en ont.
Et là, j'en viens à me dire que c'est moi qui ne sait pas la voir, la recevoir, l'accueillir, susciter son expression.
Ou bien que je ne la mérite pas, que je n'en ai pas fait assez, que j'ai mal fait, que je suis nulle au final. Voilà le processus infernal duquel je ne parviens pas à sortir.

Publier pour être reconnue.
Publier pour naître à moi-même.
Publier pour ne plus vivre dans l'ombre, ombre de moi-même.
Publier pour exister, enfin.
Peut-être.
Si j'y parviens.

1. Raconter ma vie ?

« Il y a un temps pour vivre et un temps pour témoigner de vivre »
Albert Camus

Raconter sa vie, ce n'est pas si exceptionnel que ça quand on entend tous ces écrivains qui décrivent les mêmes choses… non, je ne suis pas à proprement parler originale. Et c'est sans doute ça qui me déçoit le plus. Je ne suis rien qu'une pauvresse, comme disait ma mère : "ma pauvre Florence...". Moi j'ai jamais voulu être pauvre, j'ai toujours voulu être extraordinaire, dans la lumière, sublime, aimée, adulée même. Alors, je me suis battue, battue comme une folle pour "m'en sortir" comme on disait à l'époque... j'ai tapé à toutes les portes, j'ai tenté tout ce qu'il était possible de tenter en me mettant même en danger parfois, totalement inconsciente et innocente que j'étais.
Je voulais prouver, me prouver, leur prouver que j'étais capable de réussir, d'avoir une vie respectable, honorable. Et j'ai échoué lamentablement, tant de fois, dans tous les domaines, amoureux, professionnel, même amical…

Et ils m'ont aidée à me relever presque à chaque fois, à leur façon, maladroitement souvent mais ils ont été là, mes parents. Et heureusement car je ne serais sans doute plus de ce monde depuis longtemps, sans leur aide.
Le gouffre, le trou, le néant qui m'attire sans cesse dans ses griffes semble ne jamais se lasser de vouloir ma peau. La première fois qu'il est venu je venais de donner la vie, c'est paradoxal. Parfois il m'arrive de penser que si j'avais su que j'en baverais toute ma vie, je ne me serais certainement pas ratée.
Le problème avec la vie c'est qu'on ne sait pas ce qui va se passer, alors on espère que ça va aller, on imagine qu'on va finir par y arriver, à être heureux. On se dit qu'après tout, les autres semblent y

arriver alors pourquoi pas nous. Et puis, on finit par se résoudre à accepter que non, on n'y arrivera pas, que c'est notre karma, cette dette qu'on paie pour des actes pas très chouettes commis dans d'autres vies. Des conneries, quoi... on se dit des milliards de conneries à la minute quand on y pense. Ben oui, on est fait comme ça. On, ou plutôt, j'ai un cerveau qui tourne à cent à l'heure sans capitaine et du coup c'est le bazar.

Il a fallu du temps avant que je comprenne qu'il fallait un capitaine à mes pensées et que ce capitaine ne pouvait être que moi, qu'il fallait cesser de le chercher à l'extérieur.
Un jour, par hasard, j'ai commencé à observer mes pensées. Elles allaient tellement vite que je ne comprenais pas comment j'arrivais à une pensée alors que la première dont je me souvenais n'avait absolument rien à voir ! J'ai pris l'habitude de remonter leur fil, de les analyser, d'essayer de leur donner un sens... Waouh, le boulot de fou que c'est ! Ça m'a pris beaucoup de temps et d'énergie pour comprendre certains fonctionnements... j'ai tenté de les déconstruire, d'aller plus loin dans l'exploration de mon monde intérieur mais au bout d'un moment, je tournais en rond. Les émotions étaient tellement fortes quand j'étais dans la tempête qu'il m'était impossible d'en ressortir quoi que ce soit. J'étais victime de moi-même. Un combat long et douloureux, interne et profond, a débuté sans même que je me souvienne quand précisément.

Toute une journée à marner dans cette énergie basse, malaisante, épuisante, à chercher à éviter d'avancer, à chercher à mettre en page avant même d'avoir écrit deux pages. Toute une journée sans être capable de faire quoi que ce soit d'intéressant, d'utile ou même juste de prendre du plaisir, avec toujours cette oppression thoracique et cette crispation dans la gorge. Il aurait fallu que je me change vraiment les idées pour sortir de cet état mais j'ai pris la décision d'affronter le monstre, alors je souffre. Je souffre consciemment pour pouvoir le raconter et surtout pour le terrasser, puisqu'il paraît que j'en suis capable. Moi, je n'y crois pas vraiment. J'ai tant fait déjà pour me libérer de mes blessures diverses et variées. Je n'aurais jamais cru en être capable, c'est vrai. J'ai cru en mourir tant de fois qu'il me semble à présent être un phénix, presque immortelle. Mais, Je n'y crois pas. Me défaire de ça alors que c'est mon ADN ? On dit bien que notre cerveau est totalement malléable, qu'on peut changer à tout âge, qu'on est responsable de notre bonheur ou de notre malheur. Vous y croyez, vous ? Moi, j'en doute toujours, même après avoir eu des preuves, avoir vécu des expériences qui corroborent tout ça.

J'aimerais en être libérée, oui mais comme ça, en claquant des doigts, comme d'autres blessures sont parties. C'est le problème de la magie, c'est tellement facile, tellement rapide, tellement indolore, que ça en devient addictif. Car oui, j'ai eu la chance ou la malchance de vivre des expériences exceptionnelles que je n'ose même plus raconter tellement elles sont souvent mal comprises... j'y reviendrai sans doute plus tard, si vous êtes encore là pour les lire, si je ne vous ai pas perdu avec mes suspens à répétition, si vous êtes suffisamment curieux ou fou pour essayer de me comprendre. Je vous préviens tout de suite, ça va pas être facile. Il va falloir me faire confiance.

La confiance, c'est bien la base de toute relation saine, n'est-ce pas ? La confiance, c'est la vie toute entière, la vie dans sa pureté originelle, dans son essence profonde, dans son sens absolument parfait. Me croirez-vous si je vous dis que j'en ai été dépossédée très jeune ? Malheureusement, il existe des situations dans lesquelles, c'est une réalité bien connue des psy en tous genres. Mais les psy d'autrefois n'étaient pas aussi bien informés que ceux de maintenant. Ils n'ont donc pas compris que j'étais insécure, que je n'avais confiance en rien ni personne, même pas en moi. Et pourtant, j'en ai vu un paquet depuis mes 20 ans ! L'insécurité c'est souvent la résultante de maltraitances dans l'enfance, ou de traumatismes importants ou les deux. Il y avait pourtant des signes de mal-être depuis longtemps, si longtemps.

J'hésite encore à vous parler de mon enfance. Elle était si banale et si bizarre à la fois. Je crains que vous ne soyez déçus, que vous vous attendiez à lire des choses complètement folles, du style "enlevée par un malade mental, elle réussit à s'échapper en survivant trois jours dans la forêt sans manger, ni boire" ou je ne sais quelle autre horreur qu'on lit dans les journaux ou plutôt qu'on voit dans les vidéos ou sur les réseaux sociaux. Non, rien de tout ça, j'ai bien mangé à ma faim tous les jours, avec un toit sur la tête, des parents enseignants et des sœurs. Je suis allée à l'école comme tous les enfants français des années 70 et j'ai même été au catéchisme. C'est d'ailleurs là que j'ai mes premiers souvenirs, vers l'âge de 9 ans.

Mes premiers souvenirs, 9 ans. Rien d'anormal, pour vous ? Pour moi, non. C'était normal. C'était ma vie. Jusqu'à ce que je comprenne que ce n'était pas normal. Qu'il y avait une raison à cela. Mais comme j'ai attendu d'avoir plus de 50 ans pour le savoir, je vais vous laisser avec ce mystère encore un peu, histoire d'essayer de vous faire toucher du doigt cet état étrange dans lequel j'ai baigné tout ce temps.

Et pour vous faire patienter, je vous laisse avec ce premier texte, en espérant qu'il vous aidera à saisir le pourquoi du comment de ce livre.

2. Reconnaissance

Renaître, connaître à nouveau
Reconnaître le chemin parcouru
Le célébrer, le remercier, s'en féliciter
Revoir les étapes, les passages difficiles
Les honorer de ce regard fier
Les intégrer à nouveau avec amour
Sentir la force générée par leurs dépassements
S'épanouir comme la fleur printanière
Grandir dans son for intérieur puissamment
Revêtir de nouvelles couleurs plus gaies, plus joyeuses
Admirer les étoiles sans voile
Oser espérer une nouvelle vie allégée
Vivre sa renaissance éclairée, éveillée
Sentir l'équilibre se placer au centre
Écouter la justesse s'établir avec grâce
Être le regard perçant du rapace

Et voler en confiance, conscience
vers de nouvelles aventures

Flomâgie
2023 04 16

Voilà donc celle qui donne son nom à ce livre, celle qui est à l'origine de tout. Au travers de mes écrits, je vais tenter de vous faire voyager dans mon intimité, en sachant que je vais sans doute vous déranger dans vos croyances, vos certitudes, vos à-priori. Je le sais car je suis passée par là. J'ai choisi d'entreprendre un voyage incroyable de reconstruction, des fondations sur fond vaseux à qui je suis aujourd'hui, 58 ans plus tard. Quand je dis j'ai choisi, ce n'est pas tout à fait juste. En vérité, à l'origine, il y avait une souffrance, des souffrances même. On choisit rarement de changer de véhicule s'il nous donne entière satisfaction, n'est-ce pas ?

Les dix dernières années ont été intenses en évolution. Vous le constaterez facilement car je ne vous parlerai presque pas des années précédentes durant lesquelles j'étais focalisée sur le désir d'être une bonne mère pour mes enfants. Sans doute aussi en quête de reconnaissance mais sans en avoir conscience.

Ce texte écrit sur ce thème à peine un an plus tôt m'a guidée. Voyez vous-même...

La Reconnaissance

Elle œuvre, elle œuvre en cachette,
Elle s'espère désintéressée, sincère,
Elle se croit sans pression, sans tension

Elle se masque, elle se grime à la perfection
Elle fait tourner le monde, pas toujours à l'endroit
Elle prend des formes si variées, si barrées

Elle crie à l'injustice dès qu'elle est invisibilisée
Elle a été tant souillée, maltraitée, oubliée
Son absence crée ce vide si cruel, démentiel

« J'ai tout fait, tout, pour elle, pour lui, tout ! »
Mais quand verras-tu que tu l'as fait pour toi ?
Quand verras-tu que tu cours seulement après elle ?
Cette reconnaissance dont tu as tant manqué...

Flomâgie
2022 02 08

Me voilà happée par ce livre à présent. Je n'ai plus envie de faire autre chose, plus de pression, de tension, de sensations physiques désagréables sauf dans la gorge, encore un peu. On dirait qu'une fois que les premiers pas sont faits, tout devient plus facile. Vous l'avez sans doute expérimenté, n'est-ce pas ? Ça ne veut pas dire pour autant que ça ne va pas revenir. Je le sais bien. Il y aura des hauts et des bas.

Revenons à nos moutons, cette reconnaissance donc, dont j'ai tant manqué, car c'est bien à moi que s'adresse ce texte avant tout, m'a poussée à agir pour l'obtenir, comme beaucoup d'entre-nous, du reste. Je ne suis pas différente des autres sur ce point, soyons clairs ; ce n'est pas l'objet de ce livre. Je ne cherche pas une reconnaissance universelle, dans les médias, ou auprès de mes amis qui me l'accordent déjà. La seule qui m'intéresse, c'est celle de mes proches, celle qui me rendrait ma place, celle qui effacerait enfin toutes ces années d'incompréhension. Mais, vous ne me croirez peut-être pas, je ne crois pas une seconde pouvoir l'obtenir pour autant ! Quel paradoxe ! Pourquoi la chercher, dans ce cas ? Pourquoi ne pas faire un trait dessus et passer à autre chose ? Pourquoi se borner à vouloir enfoncer un mur qui ne fera que me blesser, une fois de plus ? C'est justement l'histoire de ma vie ! Toujours viser l'inaccessible étoile, toujours croire qu'un jour, j'arriverai à attirer l'attention sur mon bon cœur, ma gentillesse, ma sincérité, ma simplicité, ma naïveté, mon authenticité, ma vulnérabilité, enfin.

Mais pourquoi diable vouloir prouver ainsi qu'on est une belle personne ? Il suffit de l'être, de le montrer par ses actes, ses paroles, ses attentions, me direz-vous. Et vous aurez raison ! Le problème c'est que je ne suis pas que gentille, etc. Le problème, c'est que je suis, j'ai toujours été une rebelle ! Ah ! Et alors ? Une rebelle ne l'est pas 24h/24h, ni 365 jours par an. Elle peut bien être rebelle et belle, non ? Ben, pas pour tous, semble-t-il. En tous cas, c'est l'impression que j'ai quand je reçois certaines réflexions et surtout quand on me met à l'écart des réunions de famille, ou qu'on ne me parle carrément plus depuis des années sans raison. Voilà donc le nœud du problème ! Oups, je sens que certains vont se sentir visés et risquent de refermer le livre à toute vitesse. Dommage car il ne s'agit d'accuser personne.

La reconnaissance est un besoin vital nécessaire à tout être humain pour évoluer sereinement dans ce monde incertain. Quand on ne la reçoit pas, on finit par s'y habituer certes mais elle est le creuset du manque de confiance en soi et en l'autre qui pousse à faire n'importe quoi pour attirer l'attention, l'affection, l'amour. C'est ainsi que j'ai commencé à distribuer des bonbons achetés avec l'argent volé dans le portefeuille de ma mère au lieu d'aller au catéchisme. C'est bien anodin, me direz-vous. Oui, en effet. Sans doute que si mes parents avaient su réagir à cela en me demandant pourquoi j'avais fait cela ou en me donnant un peu d'argent de poche pour le faire honnêtement, ou en étant tout simplement plus attentifs à moi, tout cela serait resté une anecdote sans importance. On m'aurait expliqué que voler pour donner aux autres dans l'espoir d'obtenir leurs faveurs n'était pas ce qu'on peut faire de mieux pour être véritablement appréciée. On m'aurait expliqué qu'on n'achète pas l'amour des autres, ça m'aurait évité bien des soucis par la suite. Bref, on aurait fait un peu d'éducation positive comme on sait le faire aujourd'hui, tout aurait sans doute été différent. Mais on ne change pas le passé et ça fait bien longtemps que j'ai pardonné à mes parents pour ces maladresses d'un autre temps. On fait tous des erreurs, et je le répète il ne s'agit vraiment pas de culpabiliser qui que ce soit ici. Je ne fais qu'expliquer ce qui n'a pas pu l'être à l'oral malheureusement.

Ensuite, j'ai eu une angine blanche. Vous connaissez la rouge, anodine, la blanche l'est moins car elle peut déboucher sur un souffle au cœur en passant par les Rhumatismes Articulaires Aigus. C'est une maladie qui était traitée à cette époque par des piqûres très douloureuses dans les fesses tous les mois, jusqu'à l'âge de 18 ans. J'ai eu la chance de ne pas avoir de souffle au cœur mais par contre j'ai marché comme une handicapée par moment tellement javais mal aux articulations des jambes. Là encore, vous ne verrez peut-être aucun lien avec la reconnaissance. Pourtant, j'ai compris il y a peu, que cet événement était en lien avec un autre d'une bien plus grande importance pour moi et qui n'avait pas pu être digéré par mon cerveau. Cet événement est même le cœur du travail thérapeutique que je fais depuis plusieurs années. Il s'agit du décès de mon grand-père Charles, quand j'avais 9 ans.

3. La mort

La mort ou un peu de légèreté ? J'ai hésité. Ma première envie était de vous partager quelques textes légers pour changer de sujet, pour éviter de plomber l'ambiance dès le début. Mais en fait, c'est la mort qui m'a accompagnée toute ma vie avec ce décès. Alors, je ne vais pas me cacher derrière le plaisir de plaire ou le désir d'être lue. Je vais être honnête et authentique envers moi-même et envers vous.

La mort était un sujet plus que tabou dans ma jeunesse. Je m'effondrais en larmes à chaque fois que je la rencontrais sur mon passage, dans les films notamment. La plus difficile pour moi était et est toujours, celle qui concerne les enfants. La perte d'un enfant est souvent considérée comme contre nature. Les parents sont, en effet, sensés mourir avant leurs enfants. Pourtant les générations précédentes le vivaient si couramment que c'est une des raisons pour lesquelles les familles étaient si grandes. D'ailleurs mon grand-père Charles était le douzième d'une famille de 19 enfants dont 6 morts nés et un mort à l'âge de 8 ans. Je me demande souvent si c'est la mort de ce jeune frère qui l'a amené à s'engager dans l'armée alors qu'il avait à peine 18 ans, à la fin de la guerre de 14. Peut-être était-ce une façon de fuir sa tristesse ou une volonté de se venger ?

Quoi qu'il en soit, la tristesse s'est invitée régulièrement dans ma vie, accompagnée du désir de mourir...

Tristesse

A qui partager cette tristesse
Qui vient de loin, si profonde ?
A qui dire l'indicible détresse
Qui donne l'envie que la mort abonde ?

A qui délivrer ce terrible secret
Sans provoquer un tsunami émotionnel ?
A qui décrire ces affres mortifères
Sans déclencher des décisions irrévocables ?

A qui demander un câlin, une oreille
Sans que l'épaule ne se dérobe, file ?
A qui faire confiance intelligemment
Sans craindre la double peine, la trahison ?

A qui permettre de m'aider à vivre
Sans imaginer perturber son équilibre ?
A qui donner la chance de se rendre utile
Sans lui donner le pouvoir de m'anéantir ?

Flodence
2021 02 22

La mort

Beaucoup ont peur de toi
Pourtant tous te connaîtront
Beaucoup doutent de toi
Pourtant tu seras bien là

Quand le glas aura sonné
Tu nous emporteras là-bas
Dans ce grand voyage inné
Dans ce lieu parfait d'amour

Où nous avons tant rêvé être
De notre vivant si douloureux
En paix et en sécurité dans tes bras
Délicieux de douceur et de candeur

Peur ou prêt ? Que choisis-tu ?
Crois tu pouvoir y échapper
Pourquoi vouloir reculer
Ce si beau moment de retrouver
La paix éternelle en ses bras sereins

Avec tous faire la paix chaque jour
De chaque seconde profiter
Ses rêves tenter de réaliser
Pour pouvoir partir sans regrets

Floésie
2020 07 18

Voilà qu'il m'obsède, me possède à présent, ce livre thérapeutique.

Au départ, il ne s'agissait que de publier certains de mes textes. Et puis finalement, parce qu'il m'est trop difficile de faire une sélection et puis aussi parce qu'ils ne représenteraient pas vraiment le travail parcouru, et surtout puisque l'objectif est d'obtenir la reconnaissance qui m'a tant manquée et bien me voilà partie sur les évolutions, les transformations, les mutations, les difficultés et les satisfactions, bref l'histoire d'une résilience même seulement partielle... et le boulot est vaste !

A mesure que j'avance, mille questions se posent à moi : Vais-je réussir à me faire comprendre ? Mes doutes, hésitations, questionnements ne vont-ils pas alourdir, rendre flou voire pénible mon récit ? La méta communication est-elle une bonne façon de (me) montrer la complexité de mon fonctionnement ? Vais-je réussir à aller au bout du projet quand je vois tous ceux que j'ai abandonnés pour X ou Y raison ? Est-ce que ça vaut vraiment la peine d'utiliser le peu d'énergie que j'ai à écrire ce livre ? Comment va-t-il être reçu ? Ne suis-je pas trop impudique ? Exposer mon intimité ainsi est-ce une bonne chose pour moi, pour mon avenir, mes relations avec mes proches ?

Et puis, quand je reviens au livre en cours : est-ce une bonne idée de parler de la mort en premier ? A peine l'ai-je fait que je le regrette déjà. Et pourtant c'est le sujet central de ma vie. Je ne vais pas réécrire "le livre de la vie et de la mort" quand même ! Parler de la mort est si complexe dans un monde où elle est devenue tabou. Et puis il y a tant de gens qui en ont parlé bien mieux que moi. Même si je sais au fond que ce n'est pas le sujet mais ma relation au sujet qui est importante pour le travail thérapeutique, j'ai beaucoup de mal à me défaire de ce désir d'objectivité, d'observation du sujet qui me permet habituellement de me dés-identifier du sujet. J'y reviendrai donc plus profondément plus tard.

C'est un mode de fonctionnement, l'analyse, qui m'a permis d'acquérir beaucoup de connaissances dans plein de domaines grâce à mes recherches, lectures... et ces connaissances m'ont donné une certaine assurance, une force, un socle sur lequel la construction de mon être a trouvé une fondation, une structure, bref, tout ce qui m'a manqué.

Et quand on trouve ce qui nous a manqué, c'est tellement précieux qu'on a envie de le partager. Voilà ce qui a fait de moi une sorte d'éducateur, de professeur, de personne très chiante car elle sait tout sur tout ou presque.

Un comble, non ? Non, c'est juste la vie dans ses paradoxes et ses extrêmes, la vie dans toute sa splendeur complexe.

4. Pourquoi

Comprendre, chercher à comprendre. Depuis tant d'années, depuis si longtemps se poser mille questions. Rester ouverte à toutes les possibilités, à toutes les réponses. Chercher, toujours chercher à comprendre. Ne pas s'arrêter aux apparences, chercher encore plus loin. Fouiller, lire, fouiner, questionner sans cesse, sans relâche. Ne pas se contenter d'une réponse facile. Pourquoi, pourquoi est la question la plus entêtante que je me suis posée. Pourquoi agit-elle ainsi ? Pourquoi dois-je faire ceci ? Pourquoi n'ai-je pas le droit de faire cela ? Pourquoi m'a-t-on dit ceci ? Pourquoi n'ai-je pas pu dire cela ? Pourquoi en sommes nous arrivés là ?

Pourquoi a toujours été mon ami. Pourquoi n'a jamais trouvé de réponse véritablement satisfaisante. Pourquoi est toujours insatisfait. Pourquoi ne cherche pas la réponse parfaite. Pourquoi aime les questions tout simplement. Pourquoi se sent vivant quand il questionne. C'est sa fonction : questionner, interroger, investiguer, confronter les opinions, démêler le vrai du faux. J'aurais dû être journaliste. Cette soif de connaissances incommensurable, ce puits sans fond trouve son origine dans l'instabilité, l'incohérence, l'impermanence, l'injustice de ce monde. Ce questionnement incessant qui m'a permis d'acquérir tant de connaissances dans tant de domaines, me dessert parfois.

Ces acquisitions qui m'ont fait croire parfois détenir LA vérité, cette fameuse vérité dont tout le monde parle comme étant le Graal. Mais La vérité est une maline ! Elle se joue de nous bien souvent. Elle se montre sous des angles si différents qu'on finit par douter de tout ! Rares sont finalement les vérités absolues, si rares. Il m'en a fallu du temps et des remises en question pour m'en rendre compte. Et pendant ce temps là, je continuais à me questionner et à saouler les gens avec mes discussions sans fin.

J'ai cru longtemps en effet que tout le monde était comme moi, curieux, à la recherche de réponses. Je croyais les aider en échangeant sur tous ces sujets passionnants que sont les relations humaines, l'histoire de l'humanité, les émotions, etc.
Quelle erreur ! La plupart des gens ne souhaitent pas savoir la vérité ou ne souhaitent pas ouvrir leurs horizons. Ils veulent garder leurs connaissances ou leur ignorance pour ne pas être dérangés, pour ne pas devoir changer d'avis. "Pourquoi faire ? Quel intérêt ? Ça ne changera pas ma vie de savoir ceci ou cela." Et pourtant, si vous saviez combien ma vie a changé grâce à la connaissance !

Au fur et à mesure que j'apprenais, que je découvrais, le désir de changer, de changer le monde, les mentalités grandissait en moi. On m'a jugée et même rejetée pour ça. Je n'étais pas dans le moule. Le moule était trop petit pour moi. On m'a crue prétentieuse ou folle. On a cru que je voulais prendre le pouvoir. On a cru que je voulais attirer l'attention sur moi. On a cru tant de choses qui n'avaient rien à voir avec ma simple soif de curiosité et de transmission.

Quel dommage, quel gâchis !

Heureusement, je sais que j'ai quand même semé quelques graines. Et ça suffit à me rendre heureuse. Ça ne suffit pas pour changer véritablement le monde mais j'ai fait ma part. C'est déjà ça. J'ai rempli une partie de ma mission sur cette terre…

Tout le savoir du monde

Tout le savoir du monde je voudrais
Toute l'intelligence du monde j'aimerais
Toutes les connaissances du monde j'adorerais

Explorer, visiter
Interroger, questionner
Développer, échanger

Me parer de milliers d'idées
Me vêtir de drôles de théories
M'orner de grandes réflexions

Changer de paradigmes
Partir de postulats
Tacler les certitudes

Gagner en autonomie
Expérimenter le discernement
Applaudir la tolérance

Offrir des références éclairantes
Ouvrir les esprits revêches
Nourrir les vides éducatifs

Oui, tout le savoir du monde je voudrais
Toute l'intelligence du monde j'aimerais
Toutes les connaissances du monde j'adorerais
Partager pour
Briser l'ignorance et la bêtise
Limiter la violence et la maltraitance
Voir grandir la bonté et la beauté

Floésie
2023 01 25

Gourmande

Gourmande de connaissances,
Boulimique de savoirs,
Addict à l'agitation des neurones,
Curieuse infinie de la Vie

Pas de place pour l'ignorance,
Pas d'excuses pour la bêtise,
Pas d'espace pour la facilité,
Pas de lieu pour le lieu commun

Soif de déconstruire les croyances,
Affamée d'intelligences diverses,
Avide de diversités culturelles

Que de supports accessibles,
Que de personnes ressources,
Que de richesses accumulées

Que de mondes à parcourir,
Que d'univers à explorer,
Que de pouvoirs à découvrir

Que de libertés à gagner !

Flomâgie
2022 03 10

5. Liberté

Voilà donc un autre mot clé de ma vie : Liberté !

« Ben quoi ? Si j'ai pas envie ! » Cette phrase que je disais enfant selon ma mère, voulait tout dire ! L'envie c'est la Vie ! Empêcher un être vivant de vivre c'est le priver d'expérimenter son pouvoir, son désir, ses rêves, ses compétences. Ma quête de liberté au cœur des années 80 de mon adolescence, m'a emmenée sur des terrains glissants. J'hésite encore à vous en parler parce que je n'en suis pas vraiment fière. Mais il faut garder à l'esprit que j'étais une enfant perturbée. Je tombais facilement dans les pommes, sans raisons apparentes et surtout je tombais régulièrement dans les escaliers, sans raisons non plus. Et puis à cet âge, les hormones nous travaillent vraiment. Attirer l'attention était vraiment ma priorité, quelle que soit cette attention, bonne ou mauvaise pour moi. Je faisais l'école buissonnière parce que les cours de géographie et de sport ne me plaisaient pas. Je fumais en cachette. Je faisais le mur le soir pour aller à la fête foraine parce qu'on m'avait interdit d'y aller. Je me suis même saoulée à la fête de la musique de l'école en présence de mes parents parce que je n'avais pas envie d'être là. Je flirtais avec mon voisin parce que c'était le jeune homme le plus proche de moi, géographiquement parlant. Bref, je cherchais toujours à m'échapper de la maison et de ses règles strictes.

Adolescence

C'était hier, un demi-siècle seulement, déjà !?
Les hormones s'agitaient dans tous les sens
Le monde et ses découvertes s'offraient abondamment
L'esprit vif était à la bêtise, à la rébellion

Avec Christophe avec Michel avec Philippe
C'était le temps de la fumette, de la mobylette
Les sens en émois, les corps en désaccord
Les désirs en folie, les cœurs désordonnés

Faire le mur, raconter des bobards, voler la nuit
Chercher l'issue de secours, crier sur les murs
Faire l'école buissonnière, vomir la première cuite
Se faire tripoter, trouver ça sale et drôle à la fois

Tout était mieux que la maison du silence
et des interdictions
S'émanciper, se libérer, s'extirper, s'expatrier
Fuir à en mourir sur l'autel du risque inconsidéré
Déguerpir coûte que coûte, quitte à en périr

Floésie
2023 02 16

Quitte à en périr...

Il y avait une urgence indescriptible, une colère immense en moi, une rage qui était bien plus forte que moi, totalement indomptable. Elle me poussait à agir sans conscience du danger, sans conscience de me faire mal ou de faire mal aux autres. J'étais dans une bulle complètement esclave de mon aveuglement. Et personne n'a cherché ou n'a pu m'en faire sortir. J'y suis restée si longtemps... Il m'arrive encore de me faire happer par elle. La liberté était une sorte d'alibi au fond, car la vraie liberté ce n'est pas de faire ce qu'on veut quand on veut comme on veut, comme je le pensais à l'époque. Il m'a fallu tant de temps pour comprendre ça.

La liberté ne se trouve pas à l'extérieur. J'ai tellement aimé ce film « La vie est belle ». On y voit un papa qui raconte de belles histoires à son fils (avec un accent italien tellement adorable) alors qu'ils sont dans un camp de concentration. Il est tout le temps heureux et son fils ne s'aperçoit de rien. La vie est vraiment belle pour eux. Ils ne se laissent pas atteindre par l'enfer de la réalité. Ils sont dans leur monde et en font ce qu'ils ont envie d'en faire : leur bonheur. On a tous la liberté de vivre la vie dont on rêve, en théorie. Malheureusement, en pratique, j'ai eu beau tout faire pour, je ne peux pas dire que j'ai été heureuse longtemps dans ma vie. Mais, ce n'est pas la durée qui compte. Ce n'est pas le but, non plus. C'est le chemin. Mon chemin m'a permis de comprendre tant de choses sur moi et sur le monde.

Insouciance

La légèreté de mes 20 ans
L'insouciance de ma jeunesse
La confiance de mon innocence

Cette liberté, cette puissance
Qui me donnaient des ailes
Cette énergie, cette vitalité
Qui me portaient vers les expériences

Cette sensation d'immortalité
Ce "tout est possible"
"La vie est belle"
"Je crois en elle !"

Ces vies d'aventures dans les cinés
Ces artistes libres et généreux
Ces engagements solidaires forts

Et le disco et le reggae
Sur les pistes de danse
Et les gin-fizz dans les neurones
Et les regards au comptoir

On évitera les lendemains
Désenchantés et désenchantants
On évitera les tromperies et les trahisons
Qui laissent des traces 35 ans plus tard

On ne voudrait garder que l'insouciance
Mais la souciance nous apprend
Que la vie n'est pas l'un sans l'autre...

La souciance nous apprend
Et l'insouciance passe
Vient alors la maturité
Et la sagesse parfois...

Floésie
2023 01 27

Mon âme, cette assoiffée de liberté

Liberté de penser
Liberté de dire
Liberté de vivre
Liberté d'aimer

Liberté de ne pas subir
Les peurs des autres
Les pressions du monde
Les suppositions pourries

Liberté de respirer la liberté
Liberté de transpirer la liberté
Liberté d'expliquer la liberté
Liberté de multiplier la liberté

Mon âme cette assoiffée de vraie liberté

Liberté de ne pas travailler
Liberté de ne pas se conformer
Liberté de s'informer
Liberté de ne pas maîtriser

Cette liberté sans bornes

Liberté d'être différente
Liberté de croire en l'humanité
Liberté de se perdre dans cette liberté
Liberté de ne jamais la renier

Cette liberté qui sent bon le respect

Respect du vivant
Respect des autres
Respect de soi

Mon âme, cette assoiffée de liberté
qui rend forte et puissante !

Flomâgie
2021 04 01

Heureusement que mon livre est sur mon ordinateur et donc moins accessible que mon téléphone, sinon je passerai mon temps à le lire et relire pour y traquer la moindre erreur, pour y apporter sans cesse des modifications. Je me demande si vous arrivez à me suivre. Je me rends compte que j'ai oublié de vous dire des choses. Est-ce important ? En avez-vous besoin pour comprendre vraiment ? Comprendrez-vous en fait ? Je suis sûre que je vous saoule, que ça n'intéresse personne tout ce que je raconte. Il y a tant d'histoires plus folles, plus extraordinaires, plus intéressantes que la mienne. Mais c'est la mienne et ce dont je suis quasiment sûre c'est que vous, mes proches, ne la connaissez pas. Vous ne vous doutez sûrement pas de tout ce travail intérieur que j'ai fait pour en arriver là. Mais, vous aussi avez sans doute évolué et d'ailleurs je le vois sur certains d'entre-vous. Je le vois et ça me plaît de le voir car je me dis qu'alors vous allez peut-être me comprendre. Pour autant, ça ne veut rien présager. On peut évoluer sur certains points sans s'en rendre compte, sans le vouloir, et surtout sans se souvenir de qui on était avant. Quand on ne fait pas un travail d'analyse, on n'a pas besoin de se souvenir, d'observer ces métamorphoses naturelles ou recherchées. J'aurais pu l'appeler comme ça mon livre : exuvies. Ce joli mot appartient au monde des arthropodes (insectes, crustacés, arachnides) qui laissent leurs enveloppes pour muer. Ils n'ont pas de squelette interne comme nous. Ça rend donc visibles et sans doute douloureux, en tous cas risqués les passages d'un stade à l'autre. La vie n'est que transformations, adaptations, évolutions. Le problème chez nous les humains c'est qu'il arrive que notre cerveau bugge et reste bloqué sur un ou plusieurs événements sans pouvoir les dépasser. Ces phénomènes, appelés traumatismes, ne sont pas rares mais plus ou moins handicapants. Évidemment, le cerveau trouve des solutions pour palier aux déficits, aux douleurs visibles ou invisibles, conscientes ou inconscientes. Je me souviens qu'enfant, je simulais les handicaps. Étrange, non ? Je m'imaginais sans la vue, sans jambes, sans bras, sans l'ouïe... j'essayais d'imaginer des solutions à toutes les situations de la vie surtout en tant qu'aveugle. Mon cerveau s'entraînait, il cherchait à s'adapter à cet environnement hostile, incompréhensible, presque inhumain où mon handicap était invisible mais bien réel. Il eut été plus simple qu'il soit visible et/ou qu'on puisse y remédier avec une prothèse quelconque. Le problème de l'invisible c'est qu'il l'est justement. Il l'était y compris pour moi.

Voilà donc le sujet du prochain chapitre qui arrive sans crier gare alors que le précédent parlait de liberté... Je vous promets que je n'ai pas de plan et que je laisse faire mon cerveau (ou mon intuition) afin de lâcher le contrôle le plus possible. Car d'après ce que je comprends de ce qui se passe dans cette écriture, il y a quand même une chronologie...

6. Handicap

Le handicap invisible donc l'était pour tout le monde, y compris le monde médical ou psycho-médical comme on dirait aujourd'hui. Les centres médico-psychologiques n'existaient pas à l'époque, surtout en milieu quasi rural. La santé mentale n'était pas un sujet facile car soit on était fou et on nous enfermait en asile psychiatrique, soit on se débrouillait avec nos soucis avec plus ou moins de succès. C'est ainsi qu'on trouvait beaucoup d'alcooliques ou autres drogués qu'on appelait des marginaux et qu'on jugeait comme étant des feignants, des malpropres, des indignes, des parasites de la société, nuls, incompétents, ignares, infréquentables... Bref, des sous-êtres qu'on méprisait allègrement sans aucune compassion pour eux et encore moins de solidarité. C'est tout juste si on leur faisait la charité à la sortie de l'église, en se croyant bon alors qu'on ne faisait que se libérer d'une forme de culpabilité ou de gêne... Je crains malheureusement que ce jugement soit encore dans bien des têtes de tous âges...

Quoiqu'il en soit, à présent, on peut aller voir un psy facilement, quel que soit son âge, et même parler de dépression en société, oups ! de burn-out, sans être (trop) mal jugé.

Si je vous parle de santé mentale et de corps médical ce n'est pas par hasard. J'y reviendrai aussi plus tard. En tous cas, à l'époque de mon adolescence, personne ne parlait d'hyperactivité, Trouble De l'Attention avec ou sans Hyperactivité (TDAH). Il a fallu que les profs du collège de mon fils, me conseillent de l'emmener voir un psy pour que je comprenne de quoi il s'agissait en 2004, et encore quelques années plus tard pour m'apercevoir que j'en étais probablement atteinte moi aussi... et je m'arrête là car sachant que c'est « héréditaire », on peut supposer que...

Mais au fait, savez-vous de quoi on parle ? Désolée, la prof revient parce que c'est important de savoir de quoi on parle. Le TDAH n'est pas considéré comme un handicap au regard de la classification des maladies mentales. En fait, c'est le degré d'atteinte, ou plutôt l'importance des symptômes et la façon dont on réussit à les gérer ou non, associés aux comorbidités, qui va définir le niveau de handicap, en sachant qu'il est évolutif en fonction de facteurs externes ou internes. Pas facile à comprendre, n'est-ce pas ? En gros, les contours du concept sont assez flous et il ne sert pas à grand-chose de rentrer dans les détails d'une description clinique.

Ce qu'il faut savoir en pratique, c'est qu'un déficit de l'attention ne permet pas de fixer son attention sur un quelconque sujet qui ne nous intéresse pas et par contre nous fait focusser à fond sur n'importe quel sujet qui nous intéresse. Focusser jusqu'à en être quasiment autiste pendant un certain temps tout du moins car on se lasse vite et il nous faut un autre sujet d'attention nouveau et attrayant pour nous absorber à nouveau. Autant vous dire que tout ce qui concerne l'administratif a longtemps été ma bête noire.

L'ennui est notre plus grand ennemi. Nous le fuyons comme la peste, si bien que nous avons du mal à approfondir totalement un sujet, à choisir une direction et nous y tenir, à nous organiser, à terminer ce qui nous passionnait la semaine dernière. Et cela dans tous les domaines. Cela a fait de ma vie, une mosaïque d'expériences dont il n'est pas toujours évident de comprendre le fil conducteur surtout sur mon curriculum vitae et dans ma vie amoureuse. On nous voit donc comme instables, irresponsables, pas sérieux, pas fiables, pas crédibles. Sympa, le tableau ! On continue ? Ben oui, je suis là pour vous montrer tout ce qu'il a fallu surmonter...

On a aussi souvent du mal à suivre une conversation sans enjeu, vous savez, les conversations vides qui ne sont là que pour créer du lien mais n'ont pas de réel sujet. C'est ce qui fait que j'aime toujours apporter de la connaissance à ce type de conversation et que je passe pour une « relou »... Et voilà aussi pourquoi les enfants font les clowns dans la classe et sont qualifiés d'éléments perturbateurs comme c'était le cas pour Kevin qui pourtant avait un QI de 130. On a également une faculté impressionnante de passer du coq à l'âne et de couper la parole parce que notre cerveau va à cent à l'heure et qu'on n'a pas de patience, ni de capacité d'inhibition, ce qui fait de nous des êtres considérés comme égoïstes ou irrespectueux, donc quasi asociaux. Vous avez sans doute déjà rencontré ce genre de personne agaçante et ingérable dans une association car c'est à peu près le seul endroit où on nous accepte un temps. Très rapidement, j'ai compris que je ne pourrai jamais m'intégrer à un groupe sans faire des efforts surhumains. Je n'y suis jamais parvenu très longtemps, hélas.

Évidemment, quand on a une super motivation, on finit par donner le change mais ça nous demande tellement d'énergie que ce n'est pas sans conséquences sur notre humeur. On peut devenir facilement irritable : les fins de journée après le travail et/ou l'école sont généralement infectes. On ne supporte plus rien. Tout nous agace. C'est l'enfer. L'isolement et le repos quasi complet est la seule issue.

De manière générale, notre humeur dépend énormément de ce que l'on vit et comme on ne supporte pas la frustration, je vous laisse imaginer la souffrance dans laquelle on peut se retrouver régulièrement pour une ou l'autre de ces raisons : une file d'attente, un refus, une incompréhension, etc.

En fait, ce sont les fonctions exécutives du cerveau qui sont atteintes ce qui provoque aussi des trouble de la mémoire. Nous sommes des spécialistes de l'oubli d'objets divers, de rendez-vous, de remerciements ou tout autre chose qui ne nous semble pas important.

L'impulsivité est une caractéristique bien décrite par les spécialistes, cela implique donc que l'on soit sujet à la colère... Une des solutions que j'avais trouvée était d'écrire cette colère sur les murs de ma chambre et dans mon journal intime. Pour mon fils, je lui avait acheté un punching-ball sur lequel il pouvait se défouler. Néanmoins, les portes ont subies des assauts dont elles ont gardé le souvenir fracassant. Ma mission principale était de répéter sans cesse à Kevin qu'il ne pouvait pas, ne devait pas taper les gens et ce depuis la maternelle ! J'avais tellement peur qu'il tourne mal à l'adolescence. Nous voilà donc à présent considérés comme colériques, voire ingérables mais ce n'est pas fini...

Ah, j'oubliais, nous ne dormons qu'environ 5h par nuit à l'âge adulte ce qui nous laisse beaucoup de temps pour gamberger, faire des bêtises, ou nous investir dans un projet. Il suffit qu'on soit perturbé émotionnellement pour avoir de vrais troubles du sommeil sur de longues périodes et on développe souvent de l'anxiété voire des angoisses. Je me souviens en avoir eu souvent au moment de payer à la caisse des supermarchés. Mes ressources étaient si limitées que j'ai même pensé à un moment à la prostitution pour les éviter. Je ne sais plus quelle solution finalement j'ai trouvé à l'époque pour les apaiser mais ce qui est sûr c'est que ce handicap développe nos capacités d'adaptation et surtout notre créativité. C'est une de nos qualités principales, ouf ! Enfin, une qualité parmi tous ces défauts, jugements négatifs portés sur nous comme si nous étions des animaux sans cœur ni sensibilité.

Rebelle

Sans cesse dans l'opposition
Toujours à contre sens
Irrémédiablement inclassable
Indubitablement incasable

Révoltée et révolutionnaire
Incontrôlable et indomptable
Désopilante et agaçante
Intelligente et déterminée

Elle ne laisse pas sa langue
Pourrir au fond de sa poche
Dit c'qu'elle pense
Et pense c'qu'elle dit

Sa liberté bien cher payée
N'a plus qu'à bien se tenir
Pour ne pas en crever
Pour ne pas se faire crier

Dix ans d'avance sur son temps
Dans un pays en retard de cent
Ce qu'elle trouve normal ne l'est pas
Sera pourtant banal dans cent ans

Ils ne l'ont pas crue il y a dix ans
Ne la croiront pas dans dix ans
Question de timing, de révolution
Question de malchance ou d'injustice

Même les réacs la font réagir
Même les anars la braquent
Même les zarbis l'affolent
Même les artistes la fuient

Ni Dieu ni Maître, oui mais
Ni solitude ni ennui, ma foi
C'est cette voie là qui va
Où la Vie veut sans choix

2021 03 30

Reprenons à présent sur la partie hyperactivité, vous comprenez intuitivement qu'il s'agit d'être perpétuellement en mouvement, en activité mais vous ne vous imaginez sans doute pas qu'on est incapable de s'arrêter... c'est à dire qu'on en fait toujours plus que ce que notre corps est capable de faire, ce qui nous amène irrémédiablement au burn-out... C'est comme une drogue sur laquelle on n'a que très peu de contrôle. Parce que ça nous fait tellement plaisir d'être actifs, de faire plaisir, de rendre service, d'être utiles, de réaliser des objets, de jardiner, que sais-je... La finalité est de se sentir aimés, reconnus pour ce qu'on fait, par nous-même bien sûr mais aussi par les autres. C'est une façon de nous faire pardonner tous nos défauts cités précédemment et c'est une façon d'oublier tous nos soucis également. Dans le monde du travail, nous sommes appréciés pour nos capacités d'endurance, notre force de travail impressionnante. Malheureusement, la reconnaissance vient rarement car nous ne savons pas la réclamer, la provoquer. En effet, nous n'avons pas appris à nous valoriser pour ça. On nous a souvent dit de rester tranquille, de nous taire, de ne pas faire de vagues, de rester à notre place alors que notre place n'est justement pas celle-ci. Nous avons besoin de grands espaces, de beaucoup de rencontres, de grands projets car nous sommes plus vivants que la plupart des gens. Nous aimons les sensations intenses, les prises de risque, relever des défis impossibles. Nous avons besoin de stimulations intellectuelles pour nourrir notre curiosité insatiable. Bref, c'est pas facile de nous suivre mais notre cœur est aussi grand que nos aspirations, ce qui fait de nous des êtres généreux jusqu'à la naïveté parfois.

Il m'a fallu des années pour comprendre tout ça. Des années pour m'apprivoiser moi-même. Je remercie infiniment mon fils Kevin car c'est aussi en l'observant que j'ai beaucoup appris sur cette particularité. Car voyez-vous, même si j'ai intitulé ce chapitre « handicap », j'ai réussi finalement à le voir comme une particularité, une différence ni plus ni moins handicapante que celle d'être étranger, homosexuel ou handicapé physique. Voilà sans doute pourquoi, j'ai toujours été militante contre toutes les formes de discriminations. La différence c'est la vie ! On appelle ça la diversité neuronale maintenant avec les Hauts Potentiels Intellectuels, les dyslexiques, les dyscalculiques, etc.

Différente

Vraiment pas comme les autres
Elle papote avec les gens ouverts
Elle ne manigance rien par derrière
Elle ne manipule pas les gens
Elle est juste différente
Elle ne cherche pas à savoir ce qu'on pense d'elle
Elle voit juste les attitudes des gens qui changent
Elle n'aime pas leurs jeux de dupes
Elle aime les relations saines et profondes
Elle dit bonjour si on ne se détourne pas d'elle

Elle sent trop quand elle gêne
Elle sent trop quand la sincérité est absente
Elle ne cherche pas à se défendre
Pas plus qu'à se mêler
Pas plus à se faire aimer
Elle est différente
Elle est juste elle
Et ça interroge les gens

2020 08 13

Bon, si on récapitule, je n'ai pas de souvenirs avant 9 ans. Mon grand-père maternel est mort subitement quand j'avais cet âge. J'ai développé des symptômes physiques et psychologiques étranges à partir de ce moment.

J'ai d'ailleurs oublié de vous dire que je faisais de la boulimie (jusqu'à peser 85 kgs à 15 ans). Je ne vous ai pas parlé non plus de mes premières règles arrivées à l'âge de 11 ans et surtout de la façon dont j'ai vécu leur arrivée. Et j'ai omis de vous dire que je cherchais de l'amour, du réconfort tout du moins, auprès des garçons, tous les garçons ou presque... J'étais ce qu'on appelait, une fille facile. Eux, au moins, s'intéressaient à moi (pas pour les bonnes raisons certes). C'était aussi la révolution sexuelle, à l'époque. On en parlait partout comme étant la liberté absolue.

J'avais donc un TDAH non diagnostiqué, des parents enseignants stricts et non communicants qui déménageaient tous les 3 ans, 3 sœurs plus jeunes, dont la dernière Clara est née quand j'avais 13 ans. Je l'ai accueillie comme mon bébé, m'en suis occupée presque tout mon temps libre… Cette relation forte a développé chez moi mon coté maternel et protecteur, renforcé par les mots de mon père : « tu es l'aînée, tu dois montrer l'exemple. ». Me voilà donc avec une charge importante sur les épaules mais je suis en rébellion, rappelez-vous. L'affaire n'est pas simple. Mes parents ne savent plus quoi faire de moi. Le moment de l'orientation en fin de troisième arrive, on me demande de choisir entre le lycée général où enseignait mon père et la pension au lycée professionnel en hôtellerie. Le choix fut vite fait ! Fuir, fuir loin.

Sentez-vous la confiance que je vous fait en vous racontant tout ça ? Sentez-vous que c'est vital pour moi que vous ne la trahissiez pas en me jugeant ? Sentez-vous que j'ai besoin de votre confiance en retour ?

Les souvenirs remontent à la surface comme des bulles de champagne mais ne sont pas aussi joyeux et légers qu'elles. Il faut les trier, juger de leur importance, de leur pertinence, de leur place dans le flux... tout ça devient compliqué. J'ai peur d'abandonner, une fois de plus. Je lutte contre mes travers encore… Allez on continue ?

7. La colère

Je cherche à éviter d'aborder le sujet par tous les moyens mais il faut l'aborder. Il le faut pour le démystifier. La colère est vraiment mal considérée, socialement parlant. « La colère est mauvaise conseillère » paraît-il mais qu'en est-il vraiment ? Si elle existe, c'est bien qu'elle a une raison, une fonction. Il a fallu que j'aille à la pêche aux infos, une fois de plus pour la comprendre. Ce que l'on comprend nous devient tout à coup plus acceptable, plus surmontable. Rien ne vous empêche d'aller faire vos recherches par vous-même, je préférerais même. Ça m'éviterait de reprendre ma casquette de prof/éducateur… Mais l'écriture ne laisse pas la place à ce genre d'échange plus direct, malheureusement. Me voilà donc partie pour vous faire un résumé succinct sur ce que j'ai retenu de la fonction de la colère. Sa fonction principale est de nous alerter sur un évènement qui n'est pas ok pour nous. Elle provoque une émotion plus ou moins forte et plus ou moins gérable/gérée. En fait, elle n'existe que pour nous faire savoir qu'une limite a été franchie. Une limite qui a sans doute été franchie dans le passé en provoquant des dégâts psychologiques ou physiques. Ces dégâts laissant des blessures, des plaies qui ne peuvent que faire mal quand on appuie dessus. Son but fondamental est de nous indiquer qu'il faut que les choses changent à l'avenir.

Quand on comprend que celui qui est en colère a été blessé, on ne le voit plus du tout comme l'agresseur mais comme la victime d'une agression commise il y a longtemps que l'on vient de réactiver, malgré nous dans la plupart des cas.

Prisonnier

Les vannes de la colère sont ouvertes
Le moindre incident la laisse se déverser
En un flot d'énergie puissant et presque incontrôlable
Possédant le prisonnier dans toute sa chair

Ses neurones s'affolent et les maux vomissent
l'injustice, l'irrespect en des mots ignobles
Le corps s'agite en tout sens cherchant à s'échapper de lui même en
d'inutiles gestes incohérents

Petit à petit l'apaisement renaît quand l'écriture vient secourir le
prisonnier de la colère
Il se sent enfin libre et écouté c'est la seule chose qui lui fait du bien
Il peut enfin se recentrer et retrouver la paix sans autre procès

Les minutes agitées ne sont qu'un lointain souvenir
Mais parfois le mal est fait et la réparation sera nécessaire
Toute une épopée encore à venir avec le risque de la voir ressurgir
au détour d'un mot malheureux

Le prisonnier sait bien qu'elle reviendra facilement
Sa liberté devra la gagner en allant chercher
L'explication au fond de son passé et de son cœur
Pour trouver les clés magiques de la libération
Puis réapprendre à vivre dans sa nouvelle peau

Floésie
2020 08 03

Colère

Dans la journée de pluie et de colère
Traversée par l'insupportable et la déraison
Renversée par la tarte à la grimace
Bouleversée par le blizzard de l'incohérence

Il va falloir retrouver le flot de la paix
Bouillonnante et trébuchante au fond
Au fond de l'âme joyeuse et passionnée
En se connectant au foyer chaleureux
De cet amour ronronnant doucereusement

Dans l'incomplétude de la foultitude
Se bousculent tels des funambules
Les foisonnantes et insistantes
Créations incrédules voire ridicules
Perturbant un équilibre trop précaire

La foi a parfois la loi et s'en émeut fébrilement
Tandis que la gratitude frôle l'ingratitude
En jouant le rôle de l'injustice victimaire
Tout en retournant se cacher en son sein
Retrouver ses habitudes bien connues, elles...

Floésie
2023 08 16

Malheureusement, on ne sait pas parler dans ma famille. On ne sait pas se demander ce qui ne va pas, s'écouter, expliquer les limites, proposer des solutions, trouver un terrain d'entente.

La colère dégage une telle énergie qu'elle fait peur, c'est vrai. Elle donne un sentiment de pouvoir quand en réalité on est impuissant à la gérer. Elle nourrit l'illusion d'avoir de l'autorité chez certains, ce que j'ai rapidement refusé car je détestais ce type de relation. Par conséquent, je butais sur ce paradoxe et me sentais affreusement coupable de ne pas être maître de mes émotions et surtout d'être capable de faire du mal aux autres, au point de ne pas savoir m'en excuser. Cela m'a conduit longtemps à éviter au maximum toutes les situations potentiellement conflictuelles, à me montrer inaccessible, parfois même sur la défensive pour tenir à distance un éventuel agresseur. Je louvoyais donc sans jamais aller au fond des choses. Je ne pouvais pas être réellement moi-même. Je voulais tellement être cette gentille fille/femme qu'on attendait de moi, que j'étais en constante sur-adaptation. Je ne savais pas argumenter, négocier, faire valoir mes qualités, exprimer mes besoins, revendiquer mes droits, assumer mes opinions, expliquer mes choix de vie, partager mes aspirations... Rien, je ne savais rien, juste me taire ou hurler ma douleur.

Dans ma famille, on devait subir en silence.

8. Silence

Dix textes sur le silence, j'en ai trouvé dix ! Tous différents, tous importants. Comment faire une sélection ? Dans la première version de ce livre destinée uniquement à mes proches et quelques amis qui m'ont aidée à le peaufiner, je n'avais pas pu parler du silence, de sa façon de se manifester, de ses conséquences, sur moi, de mon long combat pour le comprendre, le disséquer et finalement le sublimer. Les textes poétiques étaient livrés seuls sans explications. Ce simple fait montre combien il est difficile d'aller au delà de ses habitudes inconscientes, de ses fonctionnements de protection à l'œuvre… En effet, parler du silence sans le trahir, sans le faire mentir, lui donner un autre sens que celui qu'il porte en lui est un travail d'équilibriste, d'enquêteur… Il faut commencer par s'autoriser à rompre ce silence et ce faisant à trahir, s'opposer à ceux qui l'ont imposé. Il faut se rendre compte de la montagne de courage que cela demande avant de juger si cela est opportun ou pas et quelles vont être les conséquences de cette déloyauté. Croyez-moi si vous voulez mais encore à l'heure actuelle, quasiment tous les sujets sont tabous avec mes parents. Je n'essaye même plus de parler d'argent, d'amour, de politique, d'écologie, de religion, de l'actualité, des relations familiales, des différends récents ou non, sans oublier la maladie, la mort, la succession car la discussion finit régulièrement par une fin de non recevoir, un silence ou quelqu'avis non discutable, non opposable, non négociable… C'est compliqué dans ces conditions, vous l'avouerez, de nouer des liens agréables, profonds et solides. Je m'inclus dans ce fonctionnement parfois encore, je ne juge donc personne. Il s'agit d'un constat, simple constat qui j'en suis sûre, concerne beaucoup de personnes…

Pour commencer je vous invite donc à saisir la relation entre le silence et le fait de nier, se nier soi-même jusqu'à vouloir disparaître.

Me taire

Je voudrais me taire.

Me taire à tout jamais pour ne plus me tromper.

Me taire sans terre pour ne plus dire ce que tout le monde veut taire. Me taire pour ne plus chercher à plaire ni et surtout déplaire.

Me taire pour crier en silence la puissance des mots tus.

Me taire pour faire croire que tout va bien même si tout va... bien mal.

Me taire sans rien dire. Juste me taire et faire taire les ragots incessants des cœurs insensibles qui ne savent pas taire leurs ignobles sentiments indignes.

Me taire pour rendre enfin plus clair le fond de mes sombres pensées.

Me taire.

Me taire pour ne plus avoir à parler pour être comprise, aimée.

Me taire.

Flodence
2021 04 10

Le silence infecte

Le silence infecte de l'indifférence ou du mépris
Pèse en voile lointain de l'enfance innocente
Survient comme le typhon errant d'îles en îles paradisiaques
Détruit tout en une seconde créant un monde de désolation
Quand du cœur il y avait besoin d'écoute et de tendresse chaleureuse...

Briser le mur du silence salé de l'océan des pleurs
Pour le rendre sucré comme le cornet de glace de l'été
L'entendre sans lui laisser la place de voler les instants de paix
Le bénir de sa présence douloureuse pour le comprendre

L'envelopper de tendresse et de pardons ardents
Pour le voir lentement s'évanouir dans la brume des souvenirs classés
Apprécier le ciel bleu s'élargir doucement et l'embrasser tendrement, intensément
Se baigner enfin dans le lac de gratitude jusqu'à en renaître purifiée indéfiniment...

Floésie
2020 07 04

Le silence subi

Le silence n'est pas un moyen de communication
Le silence est une torture pour celui qui le subit
Le silence est un moyen de pression indigne
Le silence est une trahison pour la confiance

Le silence est un supplice, une déshumanisation
Le silence est une mise à mort à peine virtuelle
Le silence est une arme de destruction redoutable

Le silence creuse un fossé dans notre humanité

Le silence n'a aucune raison d'être dans une relation saine
Le silence ne libère d'aucune chaîne
Le silence ne dénoue aucun nœud
Le silence ne trouve aucune solution

Le silence n'ouvre la porte que sur des projections injustes

Le silence brouille les pistes, ankylose les espoirs
Le silence transforme la reliance en mur froid insurmontable
Le silence fige les mots et les sentiments dans la glace
Le silence déchire le temps et l'amour bruyamment

Le silence froisse les souvenirs joyeux
Le silence déforme le miroir de la vérité
Le silence enfouit le coffre du secret bien laid
Le silence voile tous les possibles

Le silence est une insulte à l'intelligence

Le silence est une facilité stupide
Le silence est une incompétence avouée

Le silence est un aveuglement pernicieux
Le silence est une ignorance vile
Le silence est une lâcheté veule

Le silence, cet insaisissable qu'on doit saisir pour guérir nos relations...

2024 06 05

Comprendre que le silence est très souvent le lieu de tous les abus, de toutes les bassesses, de toutes les horreurs permet de se libérer de son pouvoir dévastateur. Car il n'y a rien de pire que tous ces non-dits qui pourrissent à l'intérieur de soi. Ils sont si difficiles à décrypter, à saisir, à transformer. On les voit à l'œuvre dans toutes les manipulations, les sous-entendus, les pressions diverses… Le silence est toujours l'allié du pouvoir, de l'autoritarisme et de la malhonnêteté.

Avez-vous remarqué qu'on entend les mouches voler après un coup de gueule ? Un « c'est comme ça et pas autrement ! » suffit généralement pour couper court à toute discussion, n'est-ce pas ? Certes, il est parfois nécessaire de cesser d'argumenter quand l'autre ne veut pas comprendre ou fait preuve de mauvaise volonté, mais quand il s'agit de ne pas le laisser s'exprimer sous prétexte qu'on est son supérieur hiérarchique ou son parent ou dans quelque autre position dominante, on comprend très vite qu'il ne sert qu'à asseoir son pouvoir au détriment de toute prise en considération de son interlocuteur, de son opinion qui est alors discréditée par défaut.

Voilà donc pourquoi l'interlocuteur se sent si mal, si maltraité, si impuissant, si bête de ne pouvoir s'exprimer, se défendre même. Il peut même à force de répétition se retrouver en état de sidération, cet état qui vous fige dans l'instant, vous laissant à jamais dans cette situation, bloqué, incapable de vous en sortir ni de changer d'attitude à chaque fois que le même type de situation se présente à vous. C'est ce qu'on appelle un traumatisme. Boris Cyrulnik a largement exploré ce domaine complexe. Je vous invite donc à lire ses livres sur le sujet plutôt que d'entrer dans une description qui serait forcément moins précise et juste. Ce qui est sûr c'est que les conséquences sont encore à l'œuvre et bien visibles dans ce livre…

Le cycle

Et vient le moment de la saturation
Le moment du trop c'est trop
Trop de silence trop de distance
L'élastique va péter et ça va faire mal

Ça va casser la confiance
Détruire les beaux souvenirs
Faire voler en éclats les jolis rires
Défoncer les éléments de décorations

Ensuite viendront les regrets, les remords
Dans le fracas de la vaisselle cassée
L'étalage des sentiments brisés
La fumée du feu avec flammes

Les pleurs envahiront les cœurs
Avec l'espoir d'effacer le tableau noir
Mais la tristesse et la solitude
Seront au menu quelques temps

La pilule sera dure à digérer
Mais elle finira par passer
L'équilibre reviendra doucement
L'envie aussi plus tranquillement

Et le cycle reprendra inlassablement

Floésie
2020 08 05

Le langage des silences

Je voudrais apprendre le langage des silences
Être capable de les décrypter à fond
Ne plus me laisser gruger par leurs illusions
Prendre le temps de l'analyse en patience

Trompeurs ou même menteurs parfois, il est bien vrai
Bien malin qui ne s'est trompé sur son message
Ne rien dire est-il mentir, la question enrage
Mais tellement plus facile qu'un long discours surfait

Le silence est d'or nous a-t'on appris, pourquoi ?
Nous maintenir dans l'ignorance, c'est un vrai choix
Mille sales secrets s'en trouvent gardés dans les tiroirs

La langue des silences y est enfermée, cloîtrée
Dans les murs des temps anciens, près de la vérité
Puissais-je y accéder, révéler son pouvoir !

Floésie
2023 03 24

Il m'a fallu bien longtemps pour casser la boucle infernale de la croyance que j'étais en faute à chaque fois que l'autre voulait m'imposer le silence d'une manière ou d'une autre. Il m'a fallu longtemps pour cesser de croire que celui qui s'imposait de quelque façon que ce soit avait toujours raison et moi tort. Cette position de victime est une dépossession de son pouvoir propre.

Et puis, j'ai compris qu'en fait le silence cachait bien souvent une incompétence, une incapacité, un lourd fardeau voire un sale secret consciemment ou inconsciemment. J'ai fini par comprendre il n'y a pas si longtemps en fait, que les plus grands ennemis du silence étaient la clarté, l'authenticité, la simplicité. C'est pourtant bien inconsciemment que j'ai choisi cette posture, ce chemin dans ma relation à mes enfants et mes amis. Et j'en ai pleinement apprécié le soulagement, l'apaisement et la facilité de compréhension que cela m'apportait au quotidien…

Car le silence c'est aussi une porte ouverte sur l'imagination. La nature a horreur du vide. Elle le comble par tout ce qui lui semble possible et comme notre cerveau est une machine à imaginer le pire, il ne se prive pas… Ce qui me rendait presque paranoïaque par moment tellement je faisais toutes sortes de suppositions complètement infondées.

Le silence, ce mystère

Ce grand bavard cache bien son jeu
Il a tant à dire sous ses airs innocents
Il porte tant d'histoires et mille mots
Il recèle tant de douleurs et de bonheurs

Il peut être lourd, pesant, poison
Et aussi léger, gai, tendre
Il peut naître et disparaître en une seconde
Et peut durer toute la vie malheureusement

Il ne sait pas toujours pourquoi il est là
Mais ne peut être ailleurs
Il a souvent le dernier mot, à tort
Il crée alors mille questions sans réponses

Il est outil de manipulation
Il est sujet à interprétation
Il est fourbe ou précieux
Il est riche ou laid

Il ne veut rien et pourtant il peut tout
Il ne craint rien et pourtant il est souvent peur
Il est la peur d'éclairer le monde
Il est aussi la beauté du monde

Le silence, ce mystère si étrange et pénétrant...

Floésie
2021 06 02

"Tout ce qui ne s'exprime pas, s'imprime".

Quand j'étais une toute jeune femme, mon corps ne cessait de m'envoyer des messages : il somatisait, comme on disait à l'époque. C'est ainsi que j'étais pétrie de sensations désagréables sans en comprendre l'origine ni le sens : brûlures d'estomac, cystites à répétition, chutes dans les escaliers, pleurs intenses, longs et sans en comprendre le sens... je faisais mon possible pour trouver des solutions comme de ne plus manger de tomates, d'avoir une hygiène irréprochable, d'être super vigilante dans les escaliers et pour les pleurs, que faire à part les subir ?

Par chance, j'étais assez jeune quand j'ai découvert un premier secret qui expliquait enfin pourquoi je chutais régulièrement dans les escaliers en criant "mamaaaaaan". C'est un mage de la place Gaillard à Clermont-Ferrand qui me l'a appris. J'en ai eu confirmation par Nicole, l'amie de ma mère que j'appelle ma mère adoptive car elle m'a accueillie tous les mois de septembre durant mes quatre années de lycée hôtelier, chez elle, à Marennes Oléron. Il semble que j'ai assisté à cette scène quand j'étais bébé : ma mère est tombée dans un escalier et en a perdu un enfant qu'elle portait depuis peu. J'ai sans doute dû avoir très peur pour elle. Peut-être même que je suis tombée avec elle ou plutôt que j'ai cru tomber avec elle. En effet, quand on a cet âge là, on ne sait pas faire la différence entre son propre corps et celui de sa maman. Ma mère a dû vouloir oublier cet événement pour ne pas en souffrir. C'est la méthode que tout le monde employait à cette époque. N'oublions pas que les guerres et leurs horreurs n'étaient pas si loin que ça, en 1967. Ma mère ne sait pas ou plutôt n'a jamais su que je savais cela. Pourquoi donc lui en aurai-je parlé ? Faire remonter ce genre de souvenir ne pouvait pas nous rapprocher, bien au contraire. Elle se sentait peut-être coupable, triste, honteuse... Qu'aurais-je pu y faire à ce moment là ?

Les secrets de famille sont destructeurs. La science a prouvé qu'ils laissent des traces dans l'ADN et se transmettent de générations en générations en créant des troubles mentaux ou des maladies graves. Le psychiatre Serge Tisseron en parle dans son livre « Secrets de famille, mode d'emploi ».

Ma grand-mère maternelle est venue vivre chez nous après la mort de mon grand-père. Je me souviens qu'elle ne parlait pas. Je me demande si ce n'était pas la condition pour qu'elle reste là. Sans doute même qu'elle n'avait pour mission que de rapporter les bêtises qu'on faisait. Ma mère m'ayant toujours dit avoir été maltraitée par sa mère (et par les « sœurs » à l'école), on peut aisément en déduire qu'elle ne souhaitait pas qu'elle puisse en faire autant sur nous, ses filles. C'était sa façon de nous protéger. Elle ne pensait pas que cette grand-mère fantôme comme je l'appelle parfois, puisse nous déranger par sa simple présence énigmatique. Si ma mère nous avait mise en garde en nous demandant de la prévenir en cas d'attitude déplacée, cela nous aurait sans doute permis de savoir les repérer par la suite dans notre vie d'adulte. Mais maman ne savait pas faire ça et je ne peux pas, personne ne peut lui en vouloir, même pas elle ! Il n'empêche que je suis intimement convaincue qu'elle est partie avec un autre secret...

En attendant, il faut vivre avec tous ces silences…

Les silences

*Les goûts des silences sont fascinants
Les humer comme des parfums
En sentir toutes les subtilités
Saisir au vol leurs personnalités*

*Se perdre dans leurs fragrances
Légères ou lourdes
Puissantes ou fades
Éclairantes ou ignorantes*

*Comme on porte un fardeau ou un cadeau,
Chaque silence recèle en lui ses trésors
Qu'une oreille attentive décode aisément*

*Les premiers silences connus impriment une préférence ou un rejet
Remplissent de vide ou d'amour*

*En eux naissent
Les instants de grâce
Les plus grands bonheurs
Les plus fortes émotions*

*En eux se transforment
Les regards en caresses
Les désirs en réalités
Les énergies en mots*

Et puis meurent
Les amours déchues
Les rêves avortés
Les joies passagères

Mon préféré est celui en or
Qui brille au fond de l'âme
Qui transperce le regard
Et vient se poser sur mon cœur
Amoureusement

Floésie
2023 08 25

Mon silence

Sais-tu ce que peut contenir mon silence ?
Crois-tu pouvoir le deviner ?
Penses-tu pouvoir le comprendre ?
Ou bien, t'est-il complètement égal ?

Sais-tu qu'il contient tout le malheur du monde ?
Sais-tu qu'il est le plus grand gouffre de l'univers ?
Sais-tu qu'il est une spirale de souffrance sans fin ?
Sais-tu qu'il ne peut même pas être exprimé avec des mots ?

Sais-tu qu'il a le pouvoir de me ramener en arrière ?
Sais-tu qu'il a toujours été là dans ma vie ?
Sais-tu que j'ai tout essayé pour le faire disparaître ?
Sais-tu qu'il est comme un poison dans mon corps et mon âme ?

Sais-tu qu'il est une lutte interne stérile ?
Sais-tu qu'il contient toutes les émotions imaginables ?
Sais-tu qu'il m'épuise chaque jour un peu plus ?
Sais-tu qu'il finira par avoir ma peau ?

Flodence
2024 07 15

Quand on a peur du silence, on peut être amené à vouloir le combler de tout et de n'importe quoi. Je pense que c'est pour cela que j'avais un besoin constant d'écouter de la musique. Outre le fait que cela me permettait d'éviter de m'ennuyer et de vivre des émotions légères facilement, c'était surtout un moyen de fuite très efficace, un peu comme mes autres addictions (sucre, tabac, travail, relations amoureuses, etc.).

Qui n'a pas vécu de silences gênants dans sa jeunesse ? Qui n'a pas voulu lui échapper en disant une banalité, voire en étant maladroit ? Apprécier le silence n'est venu que tardivement dans ma vie. Lui laisser toute sa place dans une conversation, apprendre à le dissocier du malaise, de l'indifférence ou du mépris que je pouvais ressentir m'a demandé beaucoup d'efforts et de temps. Au cours de ce temps d'expérimentation, de distanciation, je crains que mon silence n'ait pas été compris bien souvent. Il est même devenu un refuge, paradoxalement. Comme souvent quand on évolue dans un domaine, on se perd un peu dans les opposés extrêmes avant de trouver le juste milieu. Le silence est un outil que les musiciens utilisent pour mettre en valeur la musique comme les artistes peintres utilisent les ombres pour mettre en valeur la lumière. Tout est question de nuance et d'équilibre, finalement.

Le silence

Le silence qui dit non
Le silence qui dit oui
Le silence qui dit rien

Le silence qui dit je vais mal
Le silence qui dit je vais bien
Le silence qui dit rien

Le silence qui rend fou
Le silence qui apaise
Le silence qui ne fait rien

Le silence qui enterre
Le silence qui élève
Le silence qui ne fait rien

Le silence qui questionne
Le silence qui ronge
Le silence qui n'est rien

Le silence qui dérange
Le silence qui dé-fusionne
Le silence qui ne sait rien

Le silence qui emprisonne
Le silence qui libère
Le silence qui ne peut rien

Le silence qui laisse rêveur

Floésie
2023 12 06

Ô silence béni !

Que ne t'ai-je fui par le passé
Que ne t'ai-je incompris, dés-aimé

Ô silence béni !
Combien es-tu trahi, sali, banni
Combien es-tu chassé, écarté, maltraité

Ô silence béni !
Comme tu es précieux, mystérieux, merveilleux
Comme tu es l'essence, la conscience, la présence

Ô silence béni !
Que ne donnerais-je pour t'apprécier tout le temps
Que ne ferais-je pour t'imposer aux bruits

Ô silence béni !
Reviens dans nos vies nous libérer de nous-mêmes
Reviens dans nos cœurs nous remplir de ta paix éternelle

Flomâgie
2023 07 12

Finir sur une note positive est le moins que je puisse faire après vous avoir diffusé ce florilège de silences… Vous comprenez à présent la souffrance qu'il a pu et génère encore parfois en moi, enfin je l'espère…

Qui que vous soyez, ne croyez jamais que le silence est anodin. Quant à vous, mes proches, qui m'avez plongée dans le silence ou qui m'y laissez encore à ce jour, sachez que tout est réparable. Les mots ont ce pouvoir que le silence n'a pas.

Les mots m'ont sauvée tant de fois… Il est donc bien normal qu'à présent, je parle d'eux, non ?

9. Les mots

Les mots m'ont sauvée tant de fois…

Les mots écrits, les mots entendus, les mots lus, les mots dits…

« Au commencement était le verbe »

Les mots ont le pouvoir de faire souffrir mais aussi de guérir. C'est à la fois tellement évident et tellement complexe.

L'être humain communique depuis des milliers d'années et quand on voit l'état de nos communications aujourd'hui, on peut être inquiet. Nous possédons un outil puissant dont nous ne savons pas vraiment nous servir. Alors que cela devrait être notre préoccupation principale, nous passons notre temps à faire comme si nous savions communiquer. Après avoir fait encore une fois des recherches et avoir compris que seulement 10 % du message passait vraiment de l'émetteur au récepteur, j'étais complètement découragée.

D'ailleurs, le simple fait d'aborder ce sujet me bloque. Les mots justes ont eu tellement de mal à arriver dans ma vie. Choisir les mots, en connaître leur signification exacte, démasquer leurs sens cachés, exprimer son ressenti en étant le plus juste possible, jouer avec eux, les entendre chanter, s'entrechoquer, se répondre, s'en émerveiller. Les mots sont des magiciens pour moi… J'ai commencé à écrire quand j'étais adolescente. Il s'agissait juste d'un défouloir, d'une oreille neutre et sans conséquences sur ma vie. Mes écrits ne pouvaient pas me juger ni me punir. C'était mon espace de liberté, mon intimité. Malheureusement, ils m'ont été volés. Je sais, c'est bizarre et choquant, dit comme ça. Et peut-être que vous comprendrez mieux quand je vous dirai que ma mère a lu mon journal intime. Après avoir fait une séance thérapeutique sur ce point précis en 2014, j'ai senti qu'enfin je pouvais accéder à mon intimité et celle des autres… En 2014, j'avais 48 ans ! J'ai donc vécu toutes ces années sans elle… Je suis sûre que vous vous demandez comment cela est possible. Moi aussi, je me le suis demandé. J'ai remonté le fil de ma vie. Je n'avais pas accès à mon intimité, je rejetais mes sentiments, je chassais mes émotions, je fuyais les situations difficiles. Je ne savais pas quoi penser, je m'en référais toujours à ce que disaient les autres. Je les croyais plus que moi. Je doutais de tout. J'avais beaucoup de mal à prendre des décisions importantes. Je ne comprenais rien à la vie...

Évidemment, je précise que j'ai pardonné cela aussi à ma mère car elle ne se doutait absolument pas des conséquences et n'a agi que parce qu'elle se sentait impuissante devant mon comportement. Elle pensait sans doute trouver une réponse à ses questions. Elle n'a trouvé qu'accusations, blâmes et autres horreurs qu'elle a pris pour elle et qui ont fait le creuset de notre incompréhension. Ce n'est d'ailleurs pas la seule fois que cette situation a eu lieu dans ma vie. J'en prends conscience en l'écrivant.

Dire ou ne pas dire

Dire ou ne pas dire ?
Que dire, comment, quand, pourquoi ?
En dire trop ou pas assez...
Dire quoi à qui ?

On s'est tous posé la question, non ?
Et la réponse n'est jamais venue
Car la réponse n'est pas simple
Car la réponse n'est pas unique

On a tous regretté d'avoir trop parlé
On a tous regretté un mot malheureux
Et puis on a tenté de l'effacer avec un pardon
Et puis on a espéré qu'il soit oublié

Mais il y a des gens qui n'oublient pas
Des gens qui gardent des rancœurs
Des gens qui ne savent pas pardonner
Alors les mots continuent à résonner indéfiniment

Ils sont comme des marteaux qui tapent sans cesse
Ils tuent les relations, l'affection, la tendresse
Ils tuent les autres mots pourtant si beaux

2023 07 19

Les mots

Les mots sont des ponts que l'on apprend à traverser ou pas...
Les mots sont des clés qu'on a le choix de laisser à la porte de notre sensibilité
Les mots sont des médicaments qui libèrent leur puissance de guérison
Les mots sont des bonbons qu'on déguste avec précision avant de les graver dans notre mémoire
Les mots sont des joyaux à ciseler finement pour révéler leur beauté

Les mots sont des aimants qui attirent d'autres mots aimants ou violents
Les mots sont des esprits vivants qui vibrent au son du vent intérieur
Les mots sont des jouets qui dansent avec les souvenirs d'enfance
Les mots sont un don précieux à explorer avec curiosité et humilité
Les mots sont des fenêtres qui nous invitent au voyage vers le pays de l'autre

Les mots sont des menteurs à démasquer dans la bouche des manipulateurs
Les mots sont des usurpateurs à fuir dans les discours pompeux
Les mots sont des révélateurs qui se cachent dans les détails, comme le diable
Les mots sont des caméléons, fourbes ou traîtres, magiques ou délicieux comme leurs maîtres

Floésie
2023 03 08

Le propre de l'enfance est son innocence, sa naïveté à croire tout ce qu'on lui dit, à prendre tout pour argent comptant. C'était mon cas jusque bien tard, hélas.

L'acquisition de l'esprit critique, du discernement et surtout de la notion de projection m'est apparue comme une véritable délivrance, une nouvelle lecture du monde. En effet, quand on sait que chacun de nous projette sur l'autre ses propres (dys)fonctionnements, conditionnements et autre choix de vie sans en avoir conscience, on comprend l'intérêt de prendre ses distances avec toutes ces paroles jugeantes, blessantes, cassantes que l'on peut recevoir de la part de personnes plus ou moins bien intentionnées. On retrouve ce concept dans les accords toltèques « Ne prenez rien personnellement » que j'adore. Autrement dit, « l'avis des autres, c'est la vie des autres ». Il suffit de l'observer dans nos interactions pour en prendre toute sa mesure. Cela ne veut pas dire qu'il ne faut pas tenir compte des remarques faites dans un contexte de confiance et de bienveillance évidemment mais ne pas prendre pour argent comptant et confronter les opinions, en chercher d'autres, croiser les informations, faire des recoupements est un gage de sérieux qui permet de tendre vers une vision plus juste, plus large, plus nuancée et aussi une certaine objectivité un tant soit peu rassurante.

Avec cette nouvelle connaissance, les mots sont revenus m'accompagner dans ma vie comme des amis fidèles et joueurs qui ne pouvaient plus jamais me trahir. J'avais cette sensation de les maîtriser enfin comme on conduit un bateau dans la tempête. Plus je les utilisais plus ils étaient généreux et précis, plus ma pensée s'éclairait et mon esprit devenait léger et joyeux.

Les jolis mots

Quoi de plus beau
Que ces jolis mots
Agencés avec passion
Qui ouvrent les cœurs
En un vif instant
En même temps que les yeux
De l'imagination
Sans autre objectif
Que le partage du plaisir
Que le plaisir du partage

Qu'ils sont beaux ces mots
Écrits par les plus grands
Comme par les petits
Sortis tout droit de leur cœur
Vécus dans leurs chairs
Sentis dans leur âme
Offerts pour l'éternité
Dans un monde de rapidité

Qu'ils ont besoin ces mots
D'être écoutés, lus, accueillis
Pour transmettre l'humanité
Pour faire vibrer les sens
Pour atteindre les cœurs
Pour réveiller les liens

Floésie
2020 12 11

Les mots ne servent à rien

Les mots ne servent à rien sans les preuves
Les preuves ne servent à rien si elles ne sont vues
Les mots sont vides de sens s'ils ne deviennent des actes
Les actes sont invisibles s'ils ne sont reconnus

Quand les uns vont dans un sens et les autres dans l'autre
Quand les uns disent blanc et les autres font noir
Le malaise apparaît sans vouloir se laisser voir
L'incompréhension s'installe dans le fond des entrailles

Quand la dissonance se répète, elle alerte
Quand la dissonance est niée, elle enferme
La relever, la montrer, la soulever comme un lièvre
Fait bizarre, perturbe, dérange assurément

Mais les pensées, les mots et les faits sont des alliés
Qui doivent marcher main dans la main naturellement
Pour ne pas générer de mal-être, malentendu et autre malotru
Pour ne pas créer de conflits internes ou externes bien ternes

Les mots ne servent à rien sans les preuves
Les preuves ne servent à rien si elles ne sont vues
Les mots sont vides de sens s'ils ne deviennent des actes
Les actes sont invisibles s'ils ne sont reconnus

2023 05 14

Au delà des mots

La parole, les mots font peur à ceux qui ont des choses à cacher
La parole, les mots sont des épées pour ceux qui sont déjà blessés
La parole, les mots sont transformés par les egos déformés
La parole, les mots sont vidés de leur sens pour être manipulés

Seules les intentions, les attentions sont à découvrir
Seuls les énergies, les désirs profonds sont à révéler
Seules les forces, les croyances sont à décrypter
Seuls les influences, les inconscients sont à connaître

Dans le brouhaha des mots se cachent des pseudo-vérités
Dans les blablas innocents se cachent de véritables vérités
Dans les mots involontaires se meuvent des peurs bavardes

Trier le bon grain de l'ivraie, voilà le chemin
Exercer son talent visionnaire au delà des simples mots
Cumuler les indices comme un enquêteur talentueux

Floésie
2023 06 16

Peut-être l'avez-vous remarqué, certains de mes textes commencent par une émotion difficile, un peu comme ce livre d'ailleurs, pour finir de façon allégée ? C'est là toute la puissance de l'écriture, sa capacité à transformer la peine en joie, la douleur en espoir, la lourdeur en légèreté. Aller au-delà des apparences a été le fil rouge de ma vie et j'avoue que parfois, je peux être embêtante avec ça car de toute situation, je cherche à mettre en lumière la face cachée de l'iceberg. L'étymologie des mots, l'histoire des expressions, le contexte dans lequel ils sont utilisés, tout ça est passionnant et m'apparaît comme une connaissance indispensable et malheureusement bien souvent sous-estimée dans ce monde moderne qui file à cent à l'heure et invente de nouveaux mots tous les jours dans les cours d'école ou sur les réseaux sociaux trop souvent en utilisant des mots anglais d'ailleurs.

C'est sans doute ma mère, professeur de Français et très exigeante, qui m'a transmis ce goût pour les mots et les expressions. Je suis sûre qu'en me lisant, elle trouvera bien des choses à redire... J'aurais beaucoup aimé partager des moments autour de cette passion commune, hélas, nos problèmes de communication nous empêchent encore d'y accéder...

10. Incompréhension

Toute ma vie a été une quête de compréhension. Compréhension de moi-même, compréhension des autres, compréhension du monde…

Quand on n'a pas eu de cours de philosophie à l'école, qu'on n'a pas de grandes capacités de concentration, qu'on n'a pas de mentor ou de psy compétent, qu'on a du mal à faire confiance suite à de nombreux et graves abus, je vous assure que la tâche est ardue. Malgré mon désir, arrivé très jeune, j'ai beaucoup erré. Je dis souvent que je n'étais pas vraiment ici, sur Terre, ni vraiment ailleurs, dans le Ciel. Ce n'est pas confortable de ne pas trouver sa place, de ne pas réussir ses tentatives à répétition…

L'incompréhension fut donc ma compagne longtemps. Quand elle revient, je suis à présent capable de trouver les réponses ou d'accepter qu'il n'y en ait pas, et surtout de voir mes erreurs et de faire amende honorable. Néanmoins, je ne parviens toujours pas à me faire comprendre par mes proches. C'est l'objet de ce livre thérapeutique, vous l'avez compris. Puisse-t'il atteindre son objectif pour me libérer un peu de ce poids si lourd. Mais est-ce vraiment possible ?

Personne

*Personne ne pourra jamais être à ta place
Personne ne pourra jamais te comprendre vraiment
Personne ne te dira tous les mots dont tu as besoin
Personne ne te rassurera mieux que toi même*

*N'attends rien de l'autre, parle !
Dis tes besoins, tes envies
N'attends pas qu'il devine, explique !
Raconte tes ressentis, tes craintes
N'attends pas qu'il les dise pour toi !
Partage tes espoirs et désespoirs...*

*Ne te cache pas derrière tes rêves !
Œuvre pour leur réalisation...
Ne pleure pas sur le passé !
Vis à fond ton présent et crée ton avenir...*

*Personne ne peut te remplacer vraiment,
Personne ne peut faire les mêmes choses que toi,
Personne ne te décevra jamais car
Personne n'est parfait, surtout pas toi !*

*Personne ne pourra jamais être à ta place
Personne ne pourra jamais te comprendre vraiment
Personne ne te dira tous les mots dont tu as besoin
Personne ne te rassurera mieux que toi même*

Pleure autant que tu en as besoin
Pleure dans tes bras et console toi
Pleure jusqu'à la fin des larmes
Pleure jusqu'à l'épuisement total

Pleure et rebondis comme toujours
Pleure et grandis encore un peu
Pleure et vois la douleur des autres
Pleure et passe à autre chose

Personne ne pourra jamais être à ta place
Personne ne pourra jamais te comprendre vraiment
Personne ne te dira tous les mots dont tu as besoin
Personne ne te rassurera mieux que toi même

Renais de tes cendres et continue le chemin
Repars en confiance et recrée les liens sacrés
Ressuscite d'entre les morts et pars à l'aventure
Nourris toi de l'amour et de la beauté et vis la joie et l'harmonie

Floésie
2021 01 02

L'écorchée vive

L'écorchée vive hurle à la mort dans le vide sidéral familial
Elle trimbale ses casseroles discrétos depuis quelques décennies
De temps en temps réclame l'attention de l'enfant abandonnée
Et puis retourne dans sa tanière panser ses plaies purulentes

Personne ne la guérira jamais, elle le sait
Personne n'apaisera son chagrin ni ne nourrira vraiment ses besoins, elle le sait aussi
Personne ne saura jamais vraiment quel fardeau elle porte
Personne ne la comprendra comme elle se comprend

Mais pour autant, elle n'en veut à personne
Elle a appris à faire avec cette incompréhension constante
Elle ne vit pas sur la même planète, c'est clair
Elle voudrait juste qu'on la respecte un minimum

Elle parle de choses pourtant simples
Elle explique clairement comment vivre en harmonie
Elle transmet des clés pour éviter les conflits
Elle demande pardon souvent pour se remettre à niveau

L'écorchée vive craint souvent d'échouer lamentablement
Se mord les lèvres pour ne pas trop en dire
Se tord de douleur dans sa solitude lancinante
Se meurt en silence dans son for intérieur...

Flodence
2023 04 07

Entre l'ignorance et la bêtise, se faufilent souvent les blessures d'enfance, la jalousie maladive, le narcissisme égotique, la lâcheté pleutre, les mécanismes de protection inconscients, la culpabilité source de violences, d'incompréhensions, de soumissions, de manipulations diverses…

Sortir de ces travers nécessite effort, courage, dignité, sens des valeurs, décisions parfois douloureuses, prises de conscience, remises en question, recherches, responsabilisation, déconstruction de schémas mortifères…

Le chemin est pavé d'embûches, d'essais, de rechutes, d'expériences variées toutes porteuses d'enseignements parfois intégrés facilement, parfois à réviser…

Je constate que mes efforts depuis tant d'années ont produit leurs fruits quand je suis en relation avec des ami.e.s ou des personnes que je ne connais pas encore. Avec mes proches, c'est bien plus difficile car il y a un passif, un historique dont certaines personnes n'arrivent pas à se défaire. Je me demande même s'il n'y a pas de mauvaises intentions nourries par je ne sais quelle haine venue d'on ne sait où… Il est vrai que j'ai ressentie moi-même de la haine envers ma mère quand j'étais très jeune. Je suppose que ma mère en a fait de même envers la sienne. Et comme j'ai tenu le rôle de deuxième maman envers mes sœurs, il est fort probable que j'ai « hérité » de cette haine par procuration. Un comble pour celle qui voulait justement faire le tampon, protéger ses sœurs. Mais une fois de plus, la vie peut se révéler tellement injuste que rien ne m'étonne plus.

L'incompréhension prend toujours sa source dans des croyances fausses, des interprétations fallacieuses, des mal-adaptations, des biais de pensée quasi-impossibles à mettre au jour sans avoir la possibilité d'en parler ouvertement, calmement, sainement...

Incompréhension

Si là où je respecte, on voit du laxisme
Si là où je ne dis rien, on voit du consentement
Si là où je tolère, on voit une autorisation à tout
Si là où je me retire, on voit un rejet

Si là où je dis ma souffrance, on ne voit que culpabilisation
Si là où je formule des demandes, on ne voit qu'injonctions
Si là où je tente de me faire comprendre, on ne voit que manipulation
Si là où je cherche à comprendre, on ne voit qu'intrusion

Si là où je cherche un lien sain, on ne voit qu'idéalisation
Si là où j'écris une vérité, on ne voit qu'accusation
Si là où je comprends au delà des mots, on ne voit qu'interprétation
Si là où j'énonce mes compétences, on ne voit que prétention

Si là où je partage mes connaissances, on ne voit que condescendance
Si là où j'explique ma vision du monde, on ne voit qu'illusion
Si là où je me révolte contre l'injustice, on ne voit que colère délétère
Si là où je souhaite le meilleur, on ne voit que baratin

Si là où je demande pardon, on ne voit qu'aveu de faiblesse
Si là où je montre ma vulnérabilité, on ne voit qu'invitation aux conseils
Si là où je revendique la dignité, on ne voit que fierté
Si là où je me bats pour ma liberté, on ne voit qu'égoïsme

Si là où j'érige la paix et l'amour en loi, on ne voit que niaiserie

Alors il y a profonde incompréhension...

2024 06 17

Culpabilité

Fardeau roi parmi les fardeaux
Boulet qui se traîne lourdement
Dans la prison de l'angoisse thoracique
Voyageant en palpitations empiriques

Ruine de la liberté enfantine
Désespoir de l'envie légère
Paradoxe de l'illusion délirante
Revanche de la simplicité facile
Entorse à la fluidité féline
Statufiante perverse de l'âme
Fugitive de la paix solidement ancrée
Pathologie fiévreuse incrustée
Irrévérencieuse trouble fête
Disharmonie hurlante et givrante
Moteur d'inadéquates folies
Imposteur paralysant d'endorphines
Putride indésirable sensation
Infâme inhibiteur de joies

Foutue culpabilité engluée
Sors de mon corps en désaccord

Flodence
2021 02 01

Je me souviens du jour où je ne me suis plus sentie coupable quand on m'a fait un reproche. Je vous garantie que c'est un bonheur immense que je souhaite à tout le monde. Moi qui me sentais coupable de tout ou presque, j'ai véritablement senti la légèreté avec laquelle j'ai pu dire à mon interlocutrice : « tu vois, avant, quand tu me disais cela, je me sentais coupable, à présent, ce n'est plus le cas. » La libération que ça a généré en moi était phénoménale. Et comme il s'agissait d'Estelle, ma thérapeute, nous avons pu nous en réjouir ensemble. Ne plus se sentir coupable, c'est ne plus valider l'autre au détriment de soi-même ; c'est pouvoir enfin donner son avis, son ressenti, sans en avoir honte, sans craindre qu'il ne soit révoqué par l'autre ; c'est se sentir à sa place, bien dans ses baskets, prêt.e à tout, en sécurité. Ça m'a donné une confiance que je n'avais pas du tout auparavant...

Il ne faut néanmoins pas oublier que la culpabilité a aussi des aspects positifs : nous indiquer que nous avons mal agi et nous inciter à nous remettre en question avec sincérité pour pouvoir ensuite demander pardon et éventuellement agir pour réparer ce qui peut l'être.

Je vous l'avoue, je ne sais plus trop vers où aller à présent. J'hésite à continuer sur les blessures d'enfance. Cela demande que vous me fassiez justement complètement confiance. J'ai bien essayé de vous prouver combien je vous faisais confiance. Comment être sûre de pouvoir vous faire confiance encore ? Comment savoir comment vous allez interpréter mes mots au travers de vos filtres ? Les connaissez-vous, d'ailleurs ?

11. Confiance

S'il y a une chose dont je suis sûre, c'est que sans la confiance, on ne fait pas grand-chose. Toute relation humaine est basée sur la confiance. L'enfant naît, complètement vulnérable, en faisant totalement confiance à ses parents (ou ceux qui s'occupent le lui). Il n'a pas le choix. Si on ne prend pas soin de lui, il risque de ne pas survivre. Toute sa vie dépend de cette confiance. Voilà pourquoi la rupture de confiance est si douloureuse, même si on ne risque pas sa vie à chaque fois. Chez moi, cela me renvoie directement à l'insécurité que j'ai ressentie enfant. Je ne sais plus sur quel pied danser. Je ne sais plus comment faire pour regagner cette confiance. Je m'imagine des tas de scénarios en me dévalorisant. Je finis par ne plus supporter cet inconfort et fuir la situation en l'ignorant c'est-à-dire en faisant comme si de rien n'était, ou à l'extrême en coupant les ponts. Cela me demande un effort énorme d'aborder le sujet, de demander ce qui a rompu cette confiance. J'ai trop peur d'être abandonnée, rejetée, mal jugée, choquée par la réponse. D'ailleurs cette simple évocation me coupe le souffle.

"La confiance se gagne en gouttes et se perd en litres"

La confiance

Dans le vase de nos échanges se mélangent mille minéraux précieux et généreux.
Il y a ces mots doux et ces yeux souriants, ces gestes tendres et ces histoires drôles.
Il y a tant de choses indescriptibles, imperceptibles, mystérieuses et délicieuses.
Il y a l'écoute, la patience, les bons souvenirs et les moins bons

Dans le vase de nos échanges se nourrissent les somptueuses fleurs de notre relation.
Chacun de nous plonge dans l'eau de la confiance, de la bienveillance.
Chacun de nous se baigne ou saigne sans inquiétude dans ce doux confort.
Chacun de nous s'immerge de complétude, de plénitude et de gratitudes.

Dans le vase de nos échanges, chaque goutte compte mine de rien.
Si nos fleurs se fanent, c'est que nous avons failli.
Si les parfums de joie fadissent c'est que nous avons été négligents.

2023 05 17

Côte à côte

Côte à côte, nous vivons
Sur la même Terre
Mais chacun dans son monde

Côte à côte, nous vivons
Sans nous comprendre
Sans nous aimer

Côte à côte, nous vivons
Sans nous aider
Sans nous encourager

Côte à côte, nous vivons
Sans nous parler
Sans nous choyer

Côte à côte, nous vivons
Sans nous voir
Sans même nous supporter

Jusqu'à l'ouverture des cœurs
Jusqu'à la chute des egos
Jusqu'à la fin des peurs
Jusqu'à la voie de la confiance

Qui seules ont le pouvoir
De nous unir enfin

Flomâgie
2022 03 26

Et si ?

Et si on essayait ?

Et si on essayait de parler avec nos cœurs ?
De lâcher nos exigences
Et puis nos croyances
Et puis nos expériences

Et si on essayait de croire en nous ?
De nous faire confiance
De nous aimer tels qu'on est
De nous regarder en paix

Et si on essayait de ne voir que le beau ?
De nous dire des mots doux
De nous complimenter chaque jour
De nous remercier d'être là

Et si on essayait d'attraper nos rêves ?
De les modeler à notre image
De les rendre réalisables
De les vivre enfin véritablement

Et si on essayait ?

2022 04 14

La confiance première conditionne notre confiance en nous, en les autres et en la vie. Il a fallu que j'attende 2014 pour (re)découvrir cette sensation infiniment libératrice. Cette confiance en la vie que j'avais perdue au fil des expériences désastreuses de mon existence, me permettait à nouveau de penser l'avenir plein de possibilités. Toutes ces années où j'avais été trahie maintes fois, par mes proches, par mes compagnons, au travail, m'avaient complètement bloquée. Je m'étais enfermée dans une muraille et mon corps ne voulait plus avancer. J'avais une double tendinite aux coudes et une double tendinite aux hanches. Je ne pouvais donc plus me divertir sur internet ni aller marcher pour changer d'air. Je ne supportais plus la foule. Je n'avais plus d'amis véritables à qui me confier depuis qu'une amie m'avait, elle aussi, trahie. J'avais peur de tout. L'isolement était le refuge de ma tristesse, une fois de plus.

Voilà deux jours que je me sens mal en traitant de ce sujet. Je pensais bien en avoir fini avec cette blessure de trahison mais non elle est bien là, encore vivace. J'ai fini par écrire ces trois textes pour vous partager ma relation à la confiance. Je vous parlerai des autres blessures ensuite. J'ai hésité de les faire figurer avant mais de cette façon, vous pouvez comprendre que c'est en parlant de confiance que se sont réveillées les blessures du passé.

Confiance en la Vie

Avoir confiance en la vie, ce n'est pas espérer, croire, prier, rêver, se faire des illusions.

Avoir confiance en la vie, c'est savoir, être sûr que la vie nous réserve le meilleur pour notre évolution.

Avoir confiance en la vie, c'est lâcher prise sur nos désirs, nos vœux, nos aspirations.

Avoir confiance en la vie, c'est suivre le chemin qu'elle nous propose sans s'opposer, sans la contrarier, sans avoir peur.

Avoir confiance en la vie, c'est l'accepter comme elle vient dans ses hauts et ses bas, sa beauté et sa laideur.

Avoir confiance en la vie, c'est l'aimer, la chérir, prendre soin d'elle, se baigner en elle.

Avoir confiance en la vie, c'est garder son cœur et son esprit ouverts à toutes les éventualités.

Avoir confiance en la vie, c'est se relier aux autres êtres vivants sans crainte, sans à priori, sans jugements.

Avoir confiance en la vie, c'est intégrer son impermanence, sa puissance créative, son intemporalité, son universalité.

Avoir confiance en la vie, c'est ressentir son mystère et sa magie infinie dans son corps.

Avoir confiance en la vie, ça devrait être naturel comme de respirer. Pourtant nous devons l'apprendre et le choisir à nouveau chaque jour.

2024 08 10

Avoir confiance en soi

Avoir confiance en soi, c'est se sentir capable d'affronter toutes les situations.

Avoir confiance en soi, c'est embrasser toutes ses parts, même les moins drôles, les cajoler, les aimer.

Avoir confiance en soi, c'est être capable de montrer ses faiblesses sans se sentir en danger.

Avoir confiance en soi, c'est avancer vers soi, au delà de la peur, de plus en plus profondément.

Avoir confiance en soi c'est voir les évolutions positives dans les réussites comme dans les échecs.

Avoir confiance en soi c'est grandir chaque jour patiemment.

Avoir confiance en soi, c'est accepter de ne pas avoir confiance en soi aussi, parfois.

Avoir confiance en soi, c'est être son meilleur ami, s'encourager, se soutenir, se donner du temps.

2024 08 10

Avoir confiance en l'autre

C'est être capable de discernement.
C'est ne pas se leurrer sur ses intentions.
C'est être capable d'entendre au delà des mots.

C'est apprendre à le connaître et l'apprécier avant tout.
C'est donner sa confiance petit à petit.

C'est ne pas supposer qu'il nous fait confiance en retour.
C'est vérifier que les mots correspondent aux actes.

C'est être surpris et ravi qu'il soit là quand on a besoin de lui.
C'est être disponible pour lui autant que possible.

C'est accepter le risque d'être trahi.
C'est accepter de pardonner.
C'est savoir demander pardon.

C'est savoir que la confiance est fragile.
C'est ne pas dépasser les limites de chacun.

C'est reconnaître quand elle n'est plus là.

2024 08 10

12. Prises de conscience

Me voilà donc à présent capable d'aborder mes blessures. En effet, en plus du TDAH et du traumatisme de la mort de mon grand-père, la trahison et la manipulation font partie de ma vie depuis toujours.

Lise Bourbeau décrit les 5 blessures de l'âme dans un livre que je conseille à toute personne qui s'intéresse à la complexité de la nature humaine. Il est court et concis. Même s'il est souvent considéré par les psy professionnels comme réducteur, je l'ai trouvé très intéressant au cours de ma thérapie en 2014. En effet, revisiter sa vie sous un autre angle est extrêmement riche surtout quand on y inclut les notions de responsabilité et de capacité d'évolution.
Comprendre que notre cerveau émotionnel fixe les blessures et enclenche des mécanismes de survie sur lesquels nous n'avons que très peu de prise avec notre cerveau préfrontal, est fondamental. La volonté est mise hors circuit d'entrée de jeu. Cela déculpabilise et permet d'agir. J'ai ainsi pu au travers de pratiques utilisant l'hypnose, reprogrammer en partie mon cerveau. Dit comme ça, on pourrait croire qu'il s'agit d'une sorte d'ordinateur et que c'est très simple. Il n'en est rien. C'est un travail profond, dense, intense qui a nécessité un investissement émotionnel long et économiquement assez élevé. Pour avoir un ordre de grandeur, cela m'a coûté à l'époque 3 000€, investissement indispensable à mes yeux pour simplement vivre. Pour autant, le travail n'était pas fini et ne le sera jamais puisque tant que nous sommes en vie, nous continuons d'évoluer, même à tous petits pas.

Mes recherches sur les sciences humaines en général, la psychologie, la neurologie, etc. m'ont permis d'avancer sur le chemin de la découverte de mes fonctionnements, notamment de prendre conscience du schéma de victime et du cercle vicieux de victime/bourreau/sauveur, parfaitement bien décrit dans le livre de Christel Petitcollin.

J'en profite pour aborder la question des biais cognitifs et autres bizarreries du cerveau, communs à tous les humains qu'on commence tout juste à vulgariser et qui devrait être connue par tous tellement c'est indispensable pour comprendre comment notre cerveau nous trompe constamment et surtout comment ne plus se laisser berner et en être conscient afin de les maîtriser un tant soit peu. Je vous recommande à ce sujet les vidéos d'Albert Moukheiber et son livre « Votre cerveau vous joue des tours ».

Un autre enseignement important à ajouter est, selon moi, la communication non violente (CNV), outil indispensable pour entrer en communication avec ses besoins fondamentaux, les exprimer et enfin construire des relations saines avec ceux qui comptent pour nous, à condition qu'ils le souhaitent bien sûr.

J'ajoute encore à cette liste qui pourrait servir à ceux qui se sentent concernés par l'éducation et le nouveau monde que nous voulons pour nos enfants, « les 4 accords toltèques », qui est un enseignement souvent classé comme spirituel car transmis par Don Miguel Ruiz, dont le père était chaman, mais qui, à mon sens, est juste un code de bonne conduite envers soi et les autres. Il m'a sauvée, entre autre, sur la question des suppositions...

Je vous laisse faire vos recherches sur ces sujets et bien d'autres par vous-même, cette fois, si vous y voyez un intérêt pour vous ou pour vos relations, sans oublier que c'est la mise en pratique qui change tout ! Lire un livre peut ouvrir des portes mais c'est à chacun de nous de faire le boulot pour changer ce qui ne nous convient plus.

Pour revenir à la prise de conscience sur soi-même, elle est souvent très douloureuse mais elle ne suffit pas, elle non plus, pour changer ses comportements. Il est préférable qu'elle soit accompagnée d'une psychothérapie sérieuse. Après 2014, je n'ai pas réussi à trouver un thérapeute qui me corresponde, pour diverses raisons... J'ai donc globalement avancé seule depuis, à mon rythme, en faisant des erreurs, en souffrant beaucoup…

Les textes que vous allez lire maintenant pourront vous sembler très crus. Ils sont le fruit de prises de conscience qui suivent obligatoirement l'introspection. Ils révèlent ainsi l'ampleur des dégâts, si on veut. Ils mettent à jour la situation générale. Ils expliquent ce qui était quasi-invisible à mes yeux auparavant. J'espère qu'ils ne seront pas trop violents pour vous. J'ai choisi de les publier pour faire un état des lieux et montrer qu'on peut survivre à tout cela malgré tout. Si cela est utile à une seule personne alors, j'en serai ravie. Si vous, mes proches, réussissez à les lire comme un témoignage sans me juger, j'aurai atteint une partie de mon objectif.

Bizarre

Depuis le début elle était bizarre
Tellement bizarre qu'elle tombait dans les pommes pour un oui pour un non
Tellement bizarre qu'elle chopât une maladie bizarre
Tellement bizarre qu'elle tombait tout le temps dans les escaliers en criant "Mamaaaaaannnnn"
Tellement bizarre qu'elle parlait beaucoup à tort et à travers à n'importe qui
Tellement bizarre qu'elle mentait comme un arracheur de dents

Oui elle était vraiment bizarre, différente, désarmante
On ne la comprenait pas, on la dressait comme une bête sauvage
On ne l'aimait pas, on l'humiliait pour lui rabaisser son caquet
On ne la respectait pas, on fouillait son intimité à tour de bras
On ne l'aidait pas, on la jetait en pâture aux punitions institutionnelles

Elle criait, elle hurlait son mal-être, sa douleur mais on ne l'écoutait pas
Elle pleurait, elle braillait, elle appelait à l'aide mais on l'ignorait savamment
Elle crachait sur l'autorité, dépassait les limites acceptables mais on ne la recadrait jamais sainement
Elle flirtait avec la violence, la débauche et la haine et on la rejetait sciemment

De bizarre, elle devint mouton noir, contre exemple, pestiférée
D'aînée, elle devint transparente, inexistante, persona non gratta
De deuxième maman, elle devint invisible, mal aimée, infréquentable
De fille, elle devint folle à écarter, évincer, dézinguer

2023 07 01

Le vilain petit canard

Le vilain petit canard pleure sous la pleine lune
Les siens le rejettent car il parle franchement
Ils complotent dans son dos ostensiblement
Imaginant sans doute qu'il est encore ignorant

Mais le vilain petit canard voit à travers eux
Il décrypte les moindres dysfonctionnements
Il ne veut pas de ce silence dégoûtant
Il crie sa douleur, son rejet, son isolement

cinq décennies ou presque perdues dans les marais
A présent sur le chemin de la rédemption
Le vilain petit canard va briser la glace épaisse
De la honte et du silence pour enfin être reconnu

Il n'a jamais pu renoncer aux siens
Il espère bien finalement trouver la paix
Dans son corps tendu et blessé
Ouvrir définitivement les portes
De la réussite et du bonheur
Dans tous les domaines de sa vie

2020 08 03

Panier de crabes

Née dans un panier de crabes, je les vois partout !
Toujours prêts à vous en faire une
par devant ou par derrière, dégueulasse ou juste passable,
verte ou pas mûre,
Salace ou fade, Immonde ou informe...

Bêtes à manger du foin,
Ils n'ont que ça à se mettre sous la dent,
Se sentant plus forts en écrasant les moustiques,
Se fourvoyant dans le malheur des autres,
Se baignant dans le sang de leurs forfaitures,
Se rassasiant de leurs égos surdimensionnés.

Leurs inconsciences et inconséquences n'ont d'égal que leur incommensurable ignorance,
Leur profond déficit d'empathie et de compassion les projetant dans le monde inutile de l'inhumanité.

Où est donc l'antidote à cette maladie ?

Flodence
2020 06 26

Quand on a été jugé à tort et à travers, la trace de ces jugements est imprégnée profondément et nous incite à juger à notre tour à tort et à travers. Laisser s'exprimer ses jugements souvent acerbes dans un cadre sécurisé comme l'écriture, le cabinet d'un psy ou auprès d'un.e ami.e, est indispensable pour pouvoir les transformer. Le piège, le risque est de croire que cette histoire est figée et qu'elle ne peut pas changer. Se la répéter en boucle n'aboutit qu'à se considérer impuissant.e. Sortir de cette impuissance consiste à commencer à voir la situation sous des angles différents, se remettre en question, se demander ce qu'il serait advenu si on ne s'était pas comporté de telle ou telle façon, si nos croyances sur la vie, sur les autres étaient différentes. Et évidement, se mettre en action dans ce sens.

Quant aux croyances sur qui nous sommes, elles sont la plupart du temps complètement erronées. Généralement, nous croyons être ce que les autres disent de nous ou ce que nous aimerions être. Prendre conscience de ses décalages sans les juger, sans se sentir coupable est un exercice qui demande une certaine exigence et surtout de prendre du recul sur soi-même, les autres, les situations. J'ai enfin appris à faire cela sans complaisance avec moi-même mais avec complaisance envers les autres, car nous n'avons aucun pouvoir sur les autres, aucun. Cette notion n'a pas été facile à intégrer pour moi car j'avais toujours la volonté de faire changer les autres autant que j'étais capable de changer moi-même. Je ne souhaitais que leur bien évidemment mais hélas, même dans cet acte apparemment altruiste, il faut bien voir la manipulation...

Manipulation

Tout bébé je t'ai connue,
Sous ta coupe j'ai grandi,
Dans tes affres, je me suis construite,
Dans tes inepties, je me suis perdue,
Dans tes injustices, je n'ai rien compris,

Et puis j'ai grandi,
Ne connaissant que toi, je t'ai utilisée sans vraiment le vouloir,
Et surtout subie sans même te voir, te comprendre, te connaître.

Comme un poison tous les jours tu m'as fait mourir un peu plus,
Un jour plus proche encore de la mort, j'ai fait ta connaissance.

L'horreur m'est apparue dans sa plus pure indécence.
Comme le démon, partout je t'ai vue,
Dans toutes les relations, tapie dans l'ombre tu étais,
En action sous toutes ses formes,
Trahison, mensonges, séduction, pression, pouvoir, désir.
J'ai déliré.
Même dans les bonnes intentions, je t'ai mise à jour.

Comme le venin dans les veines tu coules depuis la nuit des temps,
Celui qui te connaît bien et se méfie de toi est classé parano,
Celui qui te rejette et ne t'utilise pas, est jugé totalement fou.

Le clan des fous j'ai choisi, celui des libres d'esprit, des artistes parfois, des humanistes, des philosophes et des gens de foi.

Le prix de ce choix est lourd.
Celui de la solitude et de l'isolement,
De l'incompréhension et du rejet.
Son objectif est pourtant tout le contraire.
Respect, dignité, humanité, sagesse

Que d'injustices certes mais quelle fierté d'être
Intègre, fidèle à ses valeurs, en paix !

2020 06 06

Les sept dépressions

Sept, j'en ai vu sept !

Pas les bottes de sept lieues
Pas les sept merveilles du monde
Pas les sept mercenaires
Pas les sept nains
Pas les sept péchés capitaux

Mais alors quoi ?
Même mes proches ne le savent pas
Pourquoi donc ?
Pour ne pas leur faire de peine

Sept, j'en ai vécu sept

Plus ou moins fortes, plus ou moins traitées
Bien souvent incomprises, mal gérées
Dans la solitude, cachées, pour éviter le rejet
Mais toujours douloureuses à souhait

Sept, elles ont été sept en 30 ans

À me traverser, m'anéantir, m'affaiblir
Me faire connaître les pires sensations
Me faire poser des milliers de questions
M'entraîner au fond du gouffre pour y périr

Sept, c'est beaucoup non ?!

Sept fois, failli en mourir pour de vrai
Sept fois, aller au bout de soi... Pourquoi ?
Sept fois, renaître et croître... A quel prix ?
Sept fois, découvrir ses forces et ses faiblesses

Et enfin assumer ces sept dépressions à la face du monde
Enfin presque

Car le regard de l'autre n'est jamais juste
Car l'autre projette ses propres craintes
Car l'autre ne peut pas être à l'intérieur de soi
Car l'autre est si blessant souvent, même sans le vouloir

Alors, vivons cachés, vivons heureux... ou malheureux ?

2023 05 11

Entrer en dépression c'est d'abord ne plus avoir d'envies : ne pas avoir envie, d'idées pour se faire à manger, pour choisir comment s'habiller, pour décider de faire quelque chose ; c'est n'avoir aucun plaisir quand on finit par se forcer à sortir, jardiner, peindre, lire, regarder un film, écouter notre musique préférée...
Entrer en dépression c'est devenir incapable de faire ce qui est déjà difficile en temps normal comme travailler, gérer les questions administratives, avoir des discussions conflictuelles...
Entrer en dépression c'est ne plus supporter toutes ces horreurs racontées à la télé, ces violences dans les films, ces bruits désagréables de machines dans la rue, ces indélicatesses dans les relations humaines…
Entrer en dépression c'est ne plus trouver de solutions à ses problèmes, se sentir impuissant dans tous les domaines, ne plus avoir d'espoir que cette situation désastreuse qu'on vit et revit sans cesse ne s'arrête un jour.
Entrer en dépression c'est ne plus avoir la force d'expliquer qu'on a besoin d'être aidé, aimé, soutenu parce qu'on voit bien qu'on saoule tout le monde avec notre tristesse…
Entrer en dépression c'est se retrancher dans sa grotte, attendre que ça passe, faire attention à tout ce qu'on dit et pense pour éviter de se retrouver sous traitement chimique ou pire…
Le gouffre est tellement douloureux qu'on a plus qu'une envie, c'est de mourir. Je vous avais dit que je vous parlerai de la mort plus tard... Je vous assure que ce n'est pas une partie de plaisir pour moi, même si c'est bien moins dur que lors de l'écriture de ces textes.
A suivre donc, l'explication du phénomène et les expressions de ma relation avec elle. J'espère que vous êtes prêts à accueillir ces mots qui peuvent faire peur mais au final, puisque je suis en vie, m'ont permis au moins partiellement de transcender ces épreuves.

La mort ou la vie

J'avais 9 ans, papy Charles est mort.
Maman l'aimait fort et moi aussi.
Maman était triste et moi aussi.
Alors j'ai pris papy dans mon petit corps vide.
Pour me consoler, pour consoler maman, pour être aimée de maman.
Toute une vie à vivre avec un mort, c'est pas facile.
Il a connu trois guerres, je les ai vécues aussi.
Il a vu son jeune frère de 8 ans mourir, je l'ai vu aussi.
Il s'est senti coupable de toutes ces morts vues ou causées, je l'ai ressenti aussi.
Presque 50 ans à survivre dans ce corps habité par la mort, un exploit.
Un exploit rempli d'échecs, de tentatives, d'essais, de désirs, de rêves avortés...
Un exploit rempli de dépassements, de recherches, de compréhensions partielles, d'avancées pas à pas...
Un exploit de jouer aussi longtemps avec la mort, la frôler, la défier, la pleurer, la souhaiter ardemment, l'attendre avec impatience, sans parvenir à la rejoindre néanmoins.

Et maintenant, je reprends ma place.
Je te remercie pour l'expérience, papy.
Je t'aime toujours mais je n'ai plus besoin de toi pour me remplir.
La mort ne peut pas nourrir la vie.
La mort est la fin de la vie.

2022 09 17

Ne pars pas

*Quand je suis triste
Quand je parle de mourir*

*Quand je pleure
Quand je ne vois pas d'issue*

*Ne pars pas
Je sais bien que ça fait écho
Mais ne pars pas*

*Je sais bien que tu es triste aussi
Je sais bien que tu ne sais pas gérer
Je sais bien que tu te sens démuni
Je sais bien que ce n'est pas confortable*

*Mais ne pars pas
J'ai juste besoin de ta présence
Juste besoin de ton oreille
Juste besoin de ton épaule
Juste besoin de ton soutien*

*Ne pars pas
Même si tu n'as pas les mots
Ne pars pas
Reste silencieux
Observe en toi
Ne cherche pas de solution
Écoute, juste écoute*

Je sais que c'est pas facile
Je sais que tu auras envie de m'aider
Je sais que tu voudras faire cesser ça
Par tous les moyens

Mais ce n'est pas ce dont j'ai besoin
Ce dont j'ai besoin
C'est juste de déposer mon chagrin
Car le fardeau est trop lourd
C'est juste de savoir que tu es là pour moi
C'est juste de sentir ta présence aimante

Alors ne pars pas, ne cherche pas de solution

La solution est en moi
Elle viendra plus tard
Elle viendra toute seule
Elle viendra quand ça sera le moment

Ou pas
C'est la vie. C'est pas grave.
C'est mon karma.

Quand je suis triste
Quand je parle de mourir
Quand je pleure
Quand je ne vois pas d'issue

Ne pars pas
Je sais bien que ça fait écho
Mais ne pars pas
2022 11 28

Personne ne nous apprend à écouter, accueillir la souffrance de l'autre, quelque soit notre relation à cette personne. Je me souviens avoir été bien démunie devant les émotions de mon amie Nelly, quand j'étais toute jeune. La seule chose qu'on nous apprend, c'est à les cacher pour ne pas déranger. Je crois bien que la chose qui m'a le plus libérée dans mon parcours thérapeutique c'est de m'autoriser enfin à partager ma profonde détresse avec une personne de confiance et de lui demander de me prendre dans ses bras, juste me prendre dans ses bras et ressentir l'apaisement que cela procure en moi. Je recommande cette pratique à tout le monde : le câlin est un médicament pour l'âme. Je le pratique régulièrement, maintenant, avec mes ami.e.s qui l'acceptent et si je ne peux pas le faire concrètement, soit parce que je suis seule soit parce que l'autre n'est pas en mesure de le faire, je l'imagine. Oui, je l'imagine et l'effet est tout aussi puissant car notre cerveau ne fait pas la différence entre la réalité et ce que nous imaginons. Le saviez-vous ?

Entre les deux

Vivriez-vous indéfiniment entre la vie et la mort
Cet entre deux qui n'est vraiment pas confortable
Qui n'est ni lourd ni léger, ni rose ni gris

Le connaissez vous cet état de lévitation perpétuel
Qui ne permet pas de s'ancrer profondément
Qui ne vous laisse pas construire patiemment

Le voyez vous ce foutu déséquilibre
Qui réduit à néant tout effort de stabilité
Qui renvoie les projets aux prochaines vies

Le sentez vous ce malaise du "cul entre deux chaises"
Qui empêche de s'intégrer dans un lieu, un groupe
Qui rappelle sans cesse la finitude des relations

L'imaginez vous comme un vol de fées légères
Qui se laissent porter au gré du vent sans destination
Qui œuvrent en silence dans l'indifférence du monde

Le choisiriez vous cet endroit indéfinissable ?

2020 12 08

Un passage

Quand la mort devient un moment comme les autres, qu'elle ne porte plus son cortège de tristesse et de regrets ou remords, qu'elle n'est ni plus ni moins qu'un passage.

Un passage d'un état de vie ici-bas à un état de vie dans le cœur de ceux qui restent
Un passage qui permet à ceux qui restent de montrer de toutes les façons possibles leur amour pur et éternel à cet être qui a partagé leur vie ici-bas
Un passage qui permet de se souvenir de tous les bons moments passés ensemble, de les revivre intensément pour les graver dans le disque dur de la mémoire du cœur, de continuer à discuter avec l'âme de cet être si génial qui elle, ne meurt jamais, de lui confier ses sentiments, ses émotions encore plus qu'avant, de lui demander pardon de toutes les erreurs faites et de le pardonner de celles qu'il a commises malgré toute sa bonne volonté.

La mort, cette douleur portée tant d'années qui se transforme en moment de pure magie

La mort, cette mal-aimée, cette maltraitée dans nos civilisations culpabilisantes, déconnectées, désœuvrées

La mort cet instant de vie comme les autres à empoigner à bras le cœur sans en avoir peur

Flomâgie
2021 09 10

Deuils

La vie nous demande sans cesse de faire des deuils
Des deuils en veux-tu en voilà !
Deuils en tous sens, deuils d'émancipation, deuils de libération
Des deuils souffrants, des plus légers, et même des imperceptibles

Des mutations nécessaires, inévitables, fonctionnelles
Des carapaces à briser pour grandir, muer comme un insecte
Des espaces temps inconfortables, disgracieux, déplaisants
Qu'on voudrait fuir, éviter, chasser de notre vie

Deuils internes : deuil de notre enfance, deuils de nos rêves, deuils de nos croyances
Deuils violents : perte d'un être cher, départ d'un animal de compagnie, fin d'une relation
Deuils impossibles : ruptures brutales sans raisons, sans explications qui laissent le cœur brisé à jamais

Et le plus grand, le plus effrayant, le plus surprenant :
Le deuil de la vie elle-même
Ce deuil qui libère de tous les autres
Ce deuil qui facilite tous les autres

La vie est une histoire de deuils
Mourir et renaître inlassablement
Sans s'accrocher à la vie ni à la mort
Laisser le cycle œuvrer à travers nous, infiniment

2024 05 20

Ce que j'ai compris de ma relation à la mort après toutes ces années, c'est que le décès de mon grand-père a laissé un vide tellement soudain et violent que inconsciemment j'avais le souhait de le rejoindre pour revenir au temps où j'étais heureuse, cette sorte de paradis perdu idéalisé qui est la solution à tous les problèmes. La mort est devenue mon refuge, la solution quand je me sentais impuissante, incapable de gérer la situation.

Et comme il y en a eu beaucoup de ces moments que j'ai dû traverser seule puisque dans ma famille on ne parle pas et que je ne trouvais personne qui pouvait vraiment m'aider, je me considère comme une vraie survivante. Une espèce de phénix qui a ressuscité de ses cendres une dizaine de fois... cette sensation étrange d'être toujours au bord du gouffre et en même temps de savoir qu'on s'en est sortie tant de fois sans être jamais certaine que la prochaine fois, on y parviendra encore...

J'ai dû apprivoiser cette incertitude, veiller à ne pas sombrer quand les événements difficiles arrivent, me souvenir de mes capacités, faire confiance à la vie, m'auto-rassurer, lâcher prise, rester concentrée sur mes besoins fondamentaux, ne pas m'abandonner, me pardonner, m'encourager... Bref, c'est un vrai boulot de prendre soin de moi dans ces moments là !

Ce qui m'insupporte le plus, c'est le fait que les autres ne me croient pas ou qu'ils pensent que j'en rajoute ou pire que je cherche à les manipuler, les culpabiliser quand j'exprime ma souffrance… Je dois toujours veiller à ne pas me renfermer et en même temps parler est difficile. Le piège peut vite se refermer. Si jamais vous comprenez cela, vous êtes vraiment au cœur de ma problématique et j'en suis vraiment heureuse.

Je ne sais pas si vous avez remarqué l'exploit que je viens de réaliser : parler des idées suicidaires sans les nommer. C'est en effet, le risque associé au travers de la dépression, la comorbidité du TDAH que je n'avais pas abordée dans le chapitre du handicap.

Partir

Elle a voulu partir, en finir
Elle a voulu quitter ce monde qu'elle ne comprenait pas
Elle a voulu fuir la réalité si dure
Elle a voulu fuir son incapacité, ses incompétences

Elle a cru que l'autre monde était mieux
Elle a cru que c'était la seule solution
Elle ne voulait déranger personne
Elle ne voulait faire de mal à personne

Elle ne savait pas quoi faire
Elle n'était pas armée pour affronter la vie
Elle était jeune et désemparée, seule et ignorante
Elle a voulu mourir avec son enfant

Elle n'arrive pas à se pardonner 32 ans plus tard
Elle a tout fait pour l'oublier, le laver, ce drame
Elle a cru qu'elle pourrait s'en défaire un jour
Elle a cru mais c'est impossible, impossible, impossible

Ne la jugez pas
Ne la jugez pas car ça aggrave son cas
Ne la jugez pas
Aidez la juste à se pardonner vraiment

2024 08 16

Cet événement tragique m'amène à vous parler de la maltraitance médicale que j'ai subie à ce moment là. En effet, avant que cela arrive, j'étais suivie par un psy qui n'a rien vu venir. En tous cas, il a été incompétent à m'aider, ce qui fait que je me suis retrouvée hospitalisée pendant 5 semaines. On m'a piquée comme un animal à trois reprises pour calmer mes crises. On m'a sédatée à un point tel que j'errais dans ce château comme dans un mauvais film. Je n'ai aucun souvenir d'avoir été accompagnée psychologiquement par un psychiatre. Deux phrases seulement m'ont marquée à vie. La première de la part d'un infirmier qui m'accompagnait dans la salle commune et m'a dit : « Tu vois, tous les gens qui sont ici sont déjà venus plusieurs fois et reviendront plusieurs fois. ». Cette phrase a fait tilt dans ma tête : « moi, jamais ! ». Et la seconde de la part de la chef de service : « Dis moi, Florence, tu as bien un fils ? Tu fais quoi pour lui ? ». A partir de ce moment là, je n'ai plus eu que cet objectif : m'occuper de mon fils, coûte que coûte ! Il a fallu encore plus d'une semaine avant qu'on me relâche. J'ai vécu ça comme un enfermement, une prison. Je ne le souhaite à personne !

J'ai ensuite rejoint mon fils chez mes parents. La période est très floue dans ma mémoire car j'étais sous anti-dépresseurs. Je me souviens juste que j'ai fait de l'anorexie par la suite jusqu'à peser 60 kgs. Pour info, j'avais pris 20 kgs pendant la grossesse donc j'ai dû perdre 30 kgs en deux ans environ. Je me souviens aussi très bien que je n'étais suivie par aucun psy car on ne me l'avait pas proposé. C'était mon généraliste qui me renouvelait les anti-dépresseurs et les anxiolytiques et ce pendant plus de 2 ans.

13. Prendre soin

Je me demande si vous êtes toujours là, en train de me lire. Je ne sais pas si je serais encore là, moi, après tant de douleurs lues à la suite… Si c'est le cas, je vous en remercie de tout cœur car j'ai toujours l'impression de vous saouler, c'est pénible. J'ai dû faire une pause de plusieurs jours, faire plusieurs méditations du pardon, prendre soin de moi. Ces méditations sont très efficaces sur moi pour me libérer des résidus de culpabilité qui traînent toujours. Le pardon est vraiment "la douche du cœur" comme dit Olivier Clerc. Il a écrit deux livres et créé des ateliers partout en France sur le sujet. Moi, j'ai besoin de la voix. Les voix rassurantes, apaisantes qui disent des mots plein de douceur, de soutien, de compassion ont un tel effet bénéfique sur mon cœur blessé.

Vous savez sans doute que nos émotions nous parlent au travers de notre corps. Elles nous envoient des signaux précieux pour nous alerter, nous informer, nous demander de nous arrêter et de prendre soin de nos besoins fondamentaux. Si nous ne le faisons pas elles finissent par s'imprimer dans le corps sous forme de maladies diverses et variées, à plus ou moins long terme. Toutes les maladies n'ont pas cette origine, même si certains prétendent le contraire, ce n'est pas mon avis. Néanmoins, je crois que la maladie a un message, un enseignement à nous transmettre. Parfois, les maladies sont si graves qu'il est trop tard. On n'a pas le temps de réparer notre corps en prenant soin de lui et de nos émotions… Le mieux est donc bien de prévenir plutôt que de guérir, comme dit l'adage.

Les anciennes civilisations savaient cela et surtout elles étaient connectées au vivant, au mystère de la vie.

Avec la science cartésienne de nos civilisations dites modernes, nous avons perdu ce contact précieux et magique. Il faut être efficace, rentable, rationnel, opérationnel. Même le "développement personnel" est issu de ce courant de pensée. La science a réussi des exploits techniques en médecine, il ne faut pas le nier et de grands progrès ont eu lieu grâce à elle. Mais il ne faut pas tout miser sur elle non plus car prendre soin de soi, c'est la base de la vie, c'est notre responsabilité. Remettre sa santé entre les mains d'un médecin ou d'un spécialiste, n'a aucun sens. Notre santé nous appartient et nous avons pour mission de veiller sur elle. Les chinois ne paient pas leur médecin quand ils sont malades mais uniquement quand ils vont bien. Cela signifie que ses conseils pour être en bonne santé sont bons et sa réputation en dépend. Ce point de vue différent sur la santé est intéressant même s'il comporte des risques de dérive aussi.

Prendre soin de soi, c'est tellement important pour vivre en harmonie avec soi-même, avec la vie qui circule en soi. Quand on est "bien dans sa peau" comme on dit, c'est à dire aligné (corps, âme, esprit), nous sommes plus sereins face aux situations difficiles, nous n'avons pas besoin de décharger nos émotions négatives sur les autres. Dans certaines écoles, on apprend aux enfants dès le plus jeune âge à reconnaître leurs émotions, à les exprimer et à les réguler. On a constaté une baisse très importante des conflits et une autonomie dans leur façon de les solutionner car cette pratique valorise leur empathie naturelle. C'est donc une façon efficace d'œuvrer pour la paix dans le monde. Je suis persuadée que si tous les êtres humains apprenaient à prendre soin d'eux quel que soit leur âge, on verrait le résultat sur la qualité des relations au point que les lois en deviendraient presque inutiles. Je sais, je suis utopique mais ce sont les rêveurs qui font évoluer le monde, non ?

Pourquoi prendre soin de soi plutôt que des autres en premier ? Dans notre culture, on nous apprend que de s'occuper de soi, c'est être égoïste. C'était tellement difficile de se détacher de cette fausse croyance pour moi, qui adorait prendre soin des autres. Prendre soin de mes sœurs, prendre soin de mes clients (dans l'hôtellerie), prendre soin de mes enfants quand ils sont arrivés. Tout le monde passait avant moi. C'était naturel, ça me faisait plaisir. Je m'effaçais toujours devant les autres, par habitude, pour rester dans l'ombre, pour faire en sorte que tout se passe bien pour tout le monde. Cela a duré jusqu'en 2013. Les enfants avaient presque quitté le nid. Je venais de me séparer pour la énième fois. Je ne savais plus quoi faire de ma vie à part jardiner. Mon corps m'a alertée. Je vous en ai déjà parlé, souvenez-vous les tendinites. J'ai pris le taureau par les cornes et j'ai commencé une thérapie intense qui a duré un an, appelée Libération Psycho Émotionnelle. Les effets ont été fulgurants et m'ont permis de voir tant de choses sur moi. Les vrais premiers changements sont arrivés rapidement. Une nouvelle vie s'ouvrait devant moi, une renaissance qui a tout changé dans mes rapports à la vie et aux autres. Cette confiance trouvée, retrouvée m'a permis de me lancer un nouveau défi professionnel, mon projet « le village des fées ». Durant cette période, je commençais toutes mes journées avec des méditations pour être totalement alignée. Cela me permettait de prendre les décisions importantes. Je me répétais en boucle cette phrase que je trouvais magique : « je réussis en tout et tout me réussit » comme un mantra puissant qui me donnait la force d'agir en confiance. Tous les sportifs de haut niveau pratiquent ce genre de méthodes très efficaces. J'avais vraiment le sentiment que rien ne pouvait entraver la marche de mes projets. Durant trois années, j'ai eu des relations agréables et fructueuses avec tous ceux que je côtoyais, un vrai bonheur que je souhaite à tous !

Malheureusement, il y a d'abord eu ma voisine qui s'est mise en travers de ma route et que je n'ai pas su gérer en 2017. Et puis la maladie de lyme est venue se greffer sur mon corps déjà malmené par tous les handicaps que je vous ai décrits. La dépression puis petit à petit le mode survie sont devenus mon quotidien. Voyez plutôt cette lettre que je n'ai jamais envoyée de peur qu'elle m'envoie en HP (hôpital psychiatrique).

Le 22 septembre 2021

Mesdames, messieurs,

Vous m'avez refusé l'AAH (Allocation Adulte Handicapée) par courrier, sans même m'avoir vue ou entendue. Je vous ai décrit les symptômes qui m'empêchent d'avoir une vie sociale et professionnelle normale mais vous avez jugé que je pouvais quand même subvenir à mes besoins financiers. Mon cas n'est sans doute pas le plus grave que vous connaissiez, j'en ai bien conscience...
Vous me demandez de trouver de l'énergie pour contester votre décision alors que j'ai déjà eu bien du mal à en trouver pour vous faire ma première demande... Chaque minute qui passe depuis le réveil jusqu'au coucher n'est que difficulté, souffrance, douleur physique et psychique... malgré les traitements que j'essaye et qui ne donnent pas de résultats satisfaisants... De temps à autre je vois une petite amélioration qui me permet de souffler un peu mais je ne peux jamais me projeter dans l'avenir car tout bascule en une fraction de seconde à chaque petite difficulté, stress. Ce qui pour une personne normale est une broutille, est pour moi une montagne à escalader. Tout me prend un temps fou... Je m'effondre comme un château de carte pour un rien et je ne parviens plus à réfléchir ni à prendre de décisions même pour faire mes courses... Je change d'avis 3 fois avant de finalement prendre n'importe quoi pour faire cesser les angoisses. Je n'ai envie de rien ou presque. Je n'ai aucune force pour déplacer des objets ou même ouvrir un bocal de confiture. Je ne peux pas manger ce que je veux car cela accentue la maladie. Je dois éviter le sucre et le gluten sinon c'est encore pire. J'ai mal à la tête en permanence ou presque. J'ai des acouphènes de plus en plus souvent maintenant. Je m'essouffle très vite au bout de 5/10mn de marche. J'oublie tout ou presque, ce qui m'oblige à aller faire les courses 3 fois au lieu d'une fois par semaine alors que je suis carrément dangereuse en voiture à cause du déficit de l'attention. Je me suis retrouvée plusieurs fois à faire des écarts importants parce que je ne regardais pas la route. J'arrive à peine à choisir ce que je

vais faire à manger et à cuisiner un plat tous les 4 jours. Je fais tomber tout ce que je touche ou presque.

Moi qui étais une personne passionnée de nature, de jeux, de plein de sujets, je me retrouve à aller de fauteuil en fauteuil toute la journée... Moi qui étais venue m'installer ici pour vivre en autonomie et préparer ma retraite en harmonie avec la nature et pour accueillir des touristes, je me retrouve à lutter pour ne pas sombrer dans la dépendance totale et ça quasiment seule toute l'année... moi qui étais forte et joyeuse pour élever mes enfants et partager de beaux moments avec les autres, je me retrouve à pleurer tous les jours ou presque…

Tous les jours ou presque, je lutte contre l'envie d'en finir une bonne fois pour toute, oui... Mais Il est hors de question que je me retrouve hospitalisée comme par le passé... Car, je sais très bien ce qu'est une dépression puisque j'en ai eu plusieurs depuis mes 26 ans et que j'ai l'habitude de les gérer seule. Or, la maladie que j'ai est la borréliose et n'est pas reconnue par les médecins français donc aucun traitement n'est proposé à part les 3 semaines d'antibiotiques inefficaces. Je fais tout mon possible pour ne pas être un poids pour les autres : ma famille aurait pourtant bien besoin de mon aide et la société en ne demandant pas l'intervention d'une personne pour me soutenir au moins une fois par semaine. Mais j'ai l'impression que tout le monde s'en fout et qu'on attend une catastrophe pour intervenir. Prévenir ne vaut il pas mieux que guérir ?

Le seul endroit où j'ai envie de vivre est chez moi. Pourtant, je vais devoir partir car je n'ai pas réussi à remplacer la bâche de ma yourte. Un ami m'a proposé un hébergement pour l'hiver en espérant que tout se passera bien chez lui à 200kms de chez moi. Ça m'obligera à faire des trajets au moins une fois par mois pour surveiller mon lieu à cause de mes voisins qui ne sont pas bienveillants à mon égard. Alors que conduire me fatigue, parler me fatigue, réfléchir me fatigue, marcher me fatigue, lire me fatigue, regarder une vidéo, tout me fatigue !!! Pouvez vous vous imaginer ce que peut être une vie comme celle là ??? Et pour couronner le tout, soit on ne me croit pas, soit on me prend pour folle ! J'en peux plus de cette vie... si vous avez un peu de compassion, soyez aimables de réviser votre jugement et au minimum me permettre de *ne plus avoir la pression de devoir trouver de l'argent et d'avoir un statut pour au moins pouvoir chercher des traitements par moi même puisque la médecine n'en a pas de valables à me proposer...*

Je me tiens à votre disposition pour plus de renseignements...

Toi, la maladie

*Toi, la maladie
Qui me vole ma vie
Qui me vole mon esprit*

*Toi, qui me réduis
A une sorte de nuit
Sans fin, avec ennui*

*Toi, qui fait de moi
Une ombre sans joie
Une course sans foi*

*Toi, qui me transforme
En monstre difforme
En être morne*

*Toi, qui m'épuise
Mes rêves pulvérise
Mes ami.e.s divise*

*Toi, qui me fait perdre confiance,
Submerge l'espérance,
Désintègre l'indépendance*

*Toi, qui boit ma liberté
Qui avale mes capacités
Qui aspire ma vérité*

*Quand m'achèveras tu enfin ?
Quand ?*

*Flodence
2022 03 31*

La maladie me va bien, paraît il...

Elle m'a bien matée, bien scotchée au canapé, bien calmée...
Finies les grosses révoltes, les revendications, les râleries en tous genres...

Il a bien fallu accepter les nouvelles limites, les impossibilités, les approximations...
Finie la course à la perfection, à l'efficacité, au toujours plus...

Il a bien fallu patienter dans ce corps de plomb, accepter les émotions incontrôlables, résister à l'envie d'en finir...
Finie l'insouciance des repas et des soirées de fête, les randos à gogos ou les heures de boulot !

Il a bien fallu décider des traitements et les payer, les modifier et en subir les désagréments, comprendre et expliquer la maladie...
Finie l'insouciance du nomadisme de loisir, les visites improvisées, les discussions sans fin !

Il a bien fallu se contenter des bons jours, même rares, éviter de penser aux mauvais à venir, vivre au jour le jour...
Finis les rêves d'autonomie et d'indépendance, fini de danser comme une gamine !

Il a bien fallu déléguer et se voir dépouillée sans lutter, accepter sa vulnérabilité à l'état pur...
Finie la confiance en soi, le respect et la joie dans le regard des proches !
Il a bien fallu se voir comme une vieille femme de 20 ans de plus et préférer ça à l'alitement complet...
Finie la passion et l'enthousiasme délirant des activités créatives !

Mais oui la maladie me va bien... elle m'a apaisée... plus les moyens d'être en colère et ça c'est bien !

2022 06 16

Croyez-vous sincèrement que j'aurais pu survivre à tout cela sans avoir dépassé toutes mes peurs, sans avoir accepté toutes mes limites, sans avoir déconstruit toutes mes croyances, sans avoir pris soin de moi, au final ?

Croyez-vous sincèrement que je n'ai pensé qu'à moi en faisant cela ? Si c'était le cas, croyez-moi, je n'aurais jamais choisi de lutter contre cet appel de l'autre monde si doux.

Si je suis encore en vie aujourd'hui, c'est surtout pour ne pas vous faire vivre l'enfer que vit l'entourage des personnes qui se suicident. Vous, mes parents, mes enfants passez donc encore avant moi ! Je vous en prie, n'oubliez jamais cette phrase. Non que cela me donne tous les droits mais que ça vous montre l'importance du lien qui nous unit et combien sa qualité est précieuse à mes yeux. Vous pourrez penser ce que vous voulez. Je n'ose même pas imaginer ce qui pourrait vous passer par la tête à ce moment précis car mes mots viennent du cœur et n'ont pas envie d'être souillés par quelque pensée ou réflexion de quelque ordre que ce soit.

C'est ma façon de vous dire « je vous aime et j'ai besoin de votre amour ».

Prendre soin

Prendre soin de l'autre c'est prendre soin de soi
ET
Prendre soin de soi c'est prendre soin de l'autre

Prendre soin pour sentir la beauté de la vie,
Prendre soin pour toucher la puissance de la vie,
Prendre soin pour partager les plaisirs de la vie

Prendre soin pour éloigner l'isolement
Prendre soin pour (re)trouver du sens à la vie
Prendre soin pour renforcer les liens (d'amour)

Prendre soin pour se sentir plus fort
Prendre soin pour croire en un avenir meilleur
Prendre soin pour aider à tourner la page

Prendre soin : l'essence de la vie, la source, la quintessence, le trésor, le secret de la vie éternelle...

Flomâgie
2022 06 26

La maladie, cette enseignante, en me faisant fricoter avec la mort en conscience, m'a fait comprendre l'essentiel de la vie. Moi qui avais passé mon temps à fuir les relations difficiles avec ma famille, je comprenais finalement que c'était elle qui avait le plus d'importance pour moi. Je devais absolument me rapprocher d'elle, être comprise d'elle, être protégée par elle, pour guérir, pour finir le travail de résilience que j'avais entamé. Revenir aux origines pour boucler la boucle. Me montrer devant eux dans ma plus grande vulnérabilité était un vrai challenge. Je l'ai fait plusieurs fois. J'ai eu l'impression que c'était pire que tout, que je me mettais encore plus en danger, que j'allais me retrouver en HP pour de bon, pour la fin de mes jours. En écrivant ces mots, je le fais encore et même de façon bien plus intense. Ce pas que j'ai osé franchir, c'est comme un saut dans le vide. Je n'en vois pas le fond.

Ce vide que je connais si bien pour l'avoir tant côtoyé.

Le vide

Vide, il est vide cet espace
Vide de sens, vide d'énergie
Vide de créativité, vide de beauté
Vide comme le néant
Vide et béant
Comme une faille invisible dans mon âme
Vide comme un puits sans fond
Vide comme un précipice au bord du gouffre
Vide mais sans la tristesse...
Vide seulement vide...
Vide de tout
Vide de rien
Vide voilà tout

Que veut il me montrer ce vide ?
Comment je cherche à le remplir ?
Remplir de gestes
Remplir de nourriture
Remplir de musique
Remplir de nature
Remplir d'invisible
Remplir de plaisirs
Remplir de dires
Remplir de lire
Remplir de l'autre
Remplir de tout

Combien il est inconfortable ce vide
Car il donne à voir
La culpabilité
L'impuissance
Les incompétences
Les sensations désagréables du corps
Les émotions et sentiments surgissant parfois

La peur de la maladie
La peur de tout
La peur de vivre

Et puis le vivre entièrement totalement
Le vivre jusqu'à l'épuisement...
Le vivre jusqu'à la folie...
Plonger en lui, l'habiter,
Le remplir de moi
Le remplir de mon âme baladeuse
Le remplir de sa conscience
Le remplir de sa présence
Le remplir de lui même

Et puis
Éviter de me prendre pour une folle de vivre ce genre d'expérience...
Et surtout ne pas publier
Pour éviter d'être prise pour une folle

Et revenir au sujet
Se remplir du vide...
Concept étonnant mais sans doute pas unique...
Chercher qui a déjà parlé et vécu ça...
Et retomber sur la dépendance affective...
Et découvrir que d'autres l'ont conceptualisé et s'en réjouir
Je ne suis pas folle
Finalement fière de moi d'avoir trouvé cette méthode d'auto-guérison par moi même

2020 07 19

…Voilà plusieurs jours que je bloque. Mes idées se bousculent, je n'arrive pas à les ordonner, les agencer pour que ce soit cohérent, que vous puissiez comprendre ce que j'ai traversé pour en arriver où je suis aujourd'hui… je dois me remémorer les étapes importantes, c'est pas si facile avec la maladie qui me bouffe les neurones… J'ai fait une liste qui m'aide un peu. L'écriture est parfois si fluide et parfois si bloquée… sans vraiment comprendre pourquoi. Ce qui est sûr c'est que ça ne sert à rien de forcer car tout ce qui est important, juste, viendra quand ça sera le moment. C'est comme pour tout dans la vie. Vivre dans le flux de la vie, c'est comme flotter dans un cours d'eau… se laisser porter sans craintes. Tout arrive à point. Nul ne sert de courir…

En fait, je me demande si c'est bien nécessaire de continuer à vous raconter mon parcours. Après tout, on n'a pas besoin de se justifier pour être reconnue... Le simple fait d'exister justifie la reconnaissance. Vous montrer qui je suis après toutes ces années de travail intérieur ne me garantit aucunement la reconnaissance tant convoitée. Vous qui ne me connaissez pas, vous pouvez vous inspirer de mon expérience, elle peut vous donner du courage, des ailes, ou alors juste vous faire passer un moment. C'est le moins que je puisse espérer.

Vous écrire quoi qu'il en soit, c'est une façon pour moi d'échanger avec vous, de tromper la solitude, fichue solitude. Ce mal du siècle incompréhensible dans cette soi-disant société de la communication. Quelle folie ! D'êtres sociaux, nous sommes passés à des êtres solitaires, voire isolés…

Solitudes

A qui tu parles quand tu es triste ?
A qui tu racontes tes histoires, tes aventures ?
A qui tu dis ta vie, ses hauts et ses bas ?

A qui ?
A ton chat, à ton chien ?
A une photo, à ton reflet ?
A un nounours ou à un humain ?
A un clavier, à ton cahier ?
A Facebook, à personne ?
A Dieu, aux anges, aux fées ?

Des millions de tristesses et de joies perdues dans la solitude
Des millions d'occasions de se réconforter, s'encourager évaporées dans les airs
Des millions d'émotions effacées d'un revers de manche
Des millions de câlins manqués sur les pas de portes

Des millions de solitudes qui se perdent dans le vide
Des millions de solitudes qui s'embourbent dans l'individualisme
Des millions de solitudes qui se cachent derrière des peurs idiotes
Des millions de solitudes qui paient des thérapeutes

Et d'autres qui attendent une main ou la mort

2021 01 13

Isolement

La maladie, le malheur et la tristesse isolent
Tant de fois constaté, tant de fois espéré
Qu'enfin la solidarité, la simple présence
Soient au rendez-vous naturellement

Et puis le miracle est arrivé
Quelques amis sont restés, fidèles
Ne m'ont pas lâchée malgré tout.
C'est le vrai cadeau de la vie !

Ils écoutent, comprennent, compatissent
Ne cherchent pas à prendre le pouvoir
Respectent ma peine, ma vulnérabilité
Prennent soin sans être envahissants

Sera-ce bientôt le cas de certaines personnes
Encore bien mal à l'aise malheureusement
Qui pourtant comptent pour moi ?

Mes espoirs sont-ils utopiques ?

2023 07 17

On me dit rêveuse, utopique, c'est vrai. Depuis toujours, j'ai imaginé que les choses pouvaient être autrement, plus agréables, plus joyeuses, plus ceci ou plus cela. Je me souviens que le soir avant de m'endormir, je me repassais le fil de la journée en y modifiant ce qui ne me convenait pas. C'était une façon de reprogrammer mon cerveau pour me permettre de faire face à la situation si elle se représentait. Au final, c'est devenu une caractéristique de ma personnalité : à la fois rêveuse et pragmatique. L'inconvénient c'est que j'ai du mal à accepter la réalité telle qu'elle est et surtout que je ne comprends pas comment on peut l'accepter si elle ne nous convient pas, qu'on a toujours le pouvoir de faire changer les choses. Ce pouvoir étant sans limite dans mon esprit, cela crée beaucoup de déception quand je n'y parviens pas ou quand je suis confrontée à des personnes qui résistent au changement. Voilà donc comment un outil de libération peut se retourner contre soi. La maladie m'a grandement aidée à faire ce travail d'acceptation des limites et de patience, entre autre. D'autres situations récentes m'ont amenées à écrire ces mots :

Quelle que soit l'horreur dont on est victime, la seule façon de ne plus/pas en souffrir est de l'accepter, de s'y soumettre, de s'y baigner, de s'y laisser mourir... Car la résistance ne fait que générer plus de douleur encore puisqu'on n'a aucun pouvoir sur cette souffrance infernale, puisqu'elle provient de l'extérieur de nous... Elle ne fait que résonner en nous avec d'autres souffrances du passé.
Accepter c'est laisser le passé où il est et ne pas donner l'occasion à ce présent monstrueux de creuser le lit d'autres souffrances insurmontables à venir...
Accepter ce n'est pas humiliant ni avilissant. On ne perd pas sa dignité ni son amour propre. On ne devient pas une serpillière, on n'est pas « moins que rien ». On trouve l'endroit où on peut cesser le combat sans perdre la face, sans fuir pour autant, sans se renier, sans se déshonorer non plus... on trouve l'endroit où la paix avec soi et le monde est plus important que tout au monde. On n'a plus besoin de démontrer quoi que ce soit. On est ici et maintenant complètement en harmonie avec nos valeurs et notre âme, notre cœur et notre esprit, enfin libre...

Accepter c'est se libérer de ses chaînes, de ses boulets qui nous ont tant fait souffrir et enfin déposer les armes, sentir, ressentir le grand soulagement dans son corps...

Rêve et Réalité

Dans le rêve je trouve tout ce dont j'ai besoin
Dans le rêve je suis amour, joie et paix
Dans le rêve je suis aimée, heureuse, joyeuse,
Dans le rêve je danse comme une championne
Dans le rêve je suis belle comme une déesse
Dans le rêve je suis celle que je rêve d'être
Dans le rêve aucune limite à mes capacités
Dans le rêve aucune violence, destruction, difficulté...
Dans le rêve le monde idéal, les êtres idéaux, la Vie rêvée
Dans le rêve tout est plus que parfait
Dans le rêve rien à faire, pas d'efforts, pas de contraintes
Dans le rêve, je me réfugie quand le monde est trop dur

Mais je ne crois pas que c'est la réalité
Je sais que ce rêve est le vœu profond de mon âme
Je sais que cela demande beaucoup d'efforts pour réaliser ce rêve

Alors parfois je fais les efforts, quand j'en ai les moyens,
Parfois, je ne fais que rêver et je nourris mon âme de belles choses pour me donner la force de vivre dans la réalité...

Rêve et réalité, l'un nourrissant l'autre inconsciemment
Mais attention de ne pas accuser le rêve d'être une illusion quand la réalité ne colle pas au rêve !

La réalité nécessite de prendre en compte des limites que le rêve n'a pas...
Savoir où on en est entre l'un et l'autre donne de la clarté
Permet de ne pas se faire souffrir inutilement...

Rêvons oui de toutes nos forces car il n'y a jamais de mal dans le rêve...
Réalisons si nous le pouvons...
N'accusons ni le rêve, ni nous même, ni personne si nous n'y parvenons pas... analysons juste...
Et continuons de rêver toujours...
Toujours...
Rêvons car c'est le moteur de notre réalité....

2020 10 16

La thérapie ACT est basée sur le principe de l'acceptation. J'ai acheté le livre de Russ Harris « Le piège du bonheur » qui a pour sous-titre « Arrêtez de vouloir être heureux à tout prix et vivez enfin pleinement ». Malheureusement, je n'ai pas réussi à le lire en entier comme beaucoup de livres que j'achète... C'est ça aussi être TDAH : ne pas réussir à finir un livre ! J'adore les livres qui sont presque des doudous pour moi depuis que mon père m'a offert un petit livre pour m'aider à gérer la boulimie. J'en ai toujours plein autour de moi et certains sont même des fétiches comme celui du Dalaï Lama « L'art du bonheur » qui m'a sauvée en 1996 ou « le plaisir d'écrire » jamais vraiment lu mais qui ne me quittera jamais... Ils me rassurent et je m'imagine parfois que de les posséder suffit à intégrer toute la connaissance qu'ils contiennent. C'est absurde, je le sais bien mais on fait tous des choses absurdes et ce n'est pas pour autant qu'on en est moins intelligent ou crédible.

J'essaye toujours de l'être, crédible. C'est un point très important qui s'est beaucoup développé au cours de ma formation d'éducateur environnement : chercher et recouper l'information avant de la transmettre. C'est devenu une seconde nature, même si je ne suis pas infaillible. Tout le monde peut et a le droit de se tromper. Pour autant, il s'agit d'éviter de dire le plus de bêtises possible, ce qui n'est pas si facile que ça tant notre point de vue peut changer...

J'ai choisi

Après avoir rejeté la société
Après avoir trop souffert
de ses injustices et de ses erreurs
Après avoir démasqué les menteurs et les manipulateurs
Après avoir craché sur les nantis et les décideurs
Après avoir refusé la soumission volontaire et l'esclavage consenti
Après avoir érigé des remparts pour protéger ma sensibilité
Après avoir testé l'isolement et l'autonomie extrême
Après avoir vomi ma colère et failli en mourir

J'ai choisi la paix
J'ai choisi d'accepter ce monde dans lequel je vis
J'ai choisi de comprendre que je n'y pouvais rien
J'ai choisi de cesser de me torturer pour les sujets sur lesquels je n'ai pas de pouvoir
J'ai choisi de ne pas me laisser envahir par ce qui est néfaste pour moi
J'ai choisi de ne laisser entrer en moi que ce qui me nourrit de joie, d'amour, d'harmonie
J'ai choisi de rester en lien avec les êtres vivants tels qu'ils sont autant que possible
J'ai choisi de faire de mon mieux pour ne plus les juger indignes mais innocents
J'ai choisi de rester centré sur moi et mes ressentis sans me couper des autres
J'ai choisi de ne plus me croire supérieure ou différente d'eux
J'ai choisi de ne plus lutter pour faire comprendre ou accepter mon point de vue
J'ai choisi la douceur et la tempérance
J'ai choisi de me faire la vie belle

J'ai choisi

Floésie
2022 04 30

J'ai choisi, certes, mais ce n'est pas pour autant que j'y parviens toujours...

C'est étrange, j'ai l'impression d'avoir déjà atteint l'objectif thérapeutique de ce livre. Je ne ressens plus d'angoisse à raconter mon parcours, aussi étrange, banal ou peu intéressant puisse t'il être jugé. Un peu comme si je m'étais accordée la reconnaissance que je cherchais et que cela suffisait à apaiser cette quête pourtant si ancienne et ancrée dans mes cellules. C'est un processus que je connais bien pour l'avoir expérimenté des dizaines de fois. L'écriture a ce pouvoir magique de libérer la parole, les émotions, les pensées et de rendre réels les rêves. Il n'y a que l'expérience qui peut exprimer la puissance de la transformation. C'est comme un exploit physique réalisé par un sportif, à la différence près que l'exploit n'est pas quantifiable. Cela le rend donc beaucoup moins visible et facile à transmettre. Écrire un livre a toujours fait partie de mes rêves non avoués. Mes handicaps étant trop importants, je m'en refusais l'accès de peur de me décevoir, une fois de plus. Il existe donc une sorte de magie dans le fait de pouvoir le faire en ce moment même, quel qu'en soit son avenir entre vos mains ou plutôt vos têtes.

Je ne sais pas si vous avez repéré les étapes du processus de transformation. Je vous laisse les rechercher si le cœur vous en dit car il me semble qu'elles sont bien visibles et surtout identiques à tous les processus de transformation.

Dans un premier temps il y a une peur, un inconfort, un mal-être suffisamment important pour qu'il alerte en créant des tensions internes : les mécanismes de défenses et d'évitement sont en marche active. Si on les laisse prendre le pouvoir, ils nous soumettent et reviennent perpétuellement. Pour les dépasser il faut plonger en eux et ouvrir l'espace de prise de conscience. Se voir à l'œuvre dans sa part sombre est loin d'être une partie de plaisir mais absolument incontournable pour évoluer dans le bon sens.

"Ce n'est pas en regardant la lumière qu'on devient lumineux mais en plongeant dans l'obscurité" Carl Yung.

La prise de conscience est souvent douloureuse surtout si c'est la première fois qu'on la vit. On peut se juger sans ménagement. Il s'agit d'apprendre à être doux, tolérant, compatissant avec cette partie de soi qui a beaucoup souffert. C'est un moment de profonde humanité. Il s'agit de se parler comme on le ferait à son meilleur ami, la personne qu'on aime le plus au monde. C'est impressionnant comme c'est efficace. On est en train de guérir des plaies béantes de notre enfant intérieur. C'est puissant. On nourrit nos besoins profonds. Parfois, on peut demander de l'aide à une personne de grande confiance, un thérapeute de réaliser ce travail de réconciliation avec soi-même.

Vient ensuite le temps de l'acceptation, étape qui peut prendre plus ou moins de temps. Observer la situation nue sans les jugements, les croyances que l'on posait sur elle la rend tout à coup plus neutre. C'est le but recherché. On ne joue généralement pas sa vie. On se dès-identifie de la douleur. On peut donc se détendre et lâcher toutes les tensions qui nous faisaient souffrir auparavant.

C'est enfin le moment de l'adaptation, le cerveau intègre les nouvelles données et se repose sur les ressources dont il dispose pour créer sa nouvelle version. Il peut à nouveau se projeter dans l'avenir grâce à ses compétences, expériences positives passées, sa confiance en l'avenir, etc. Cette phase est plutôt joyeuse, légère. C'est la sortie du tunnel en quelque sorte. Je sens qu'elle est bientôt là en ce qui me concerne...

Il peut y avoir quelques retours en arrière furtifs avant que la stabilisation soit effective. Il ne faut surtout pas précipiter cette étape. Maintenir le cap est essentiel. Ne pas se laisser happer trop longtemps par la nostalgie de temps anciens afin de ne pas avoir à refaire tout le processus. C'est une étape qui peut durer plus ou moins longtemps selon la situation de départ. En général, une nouvelle façon de voir la situation apparaît avec clarté. On comprend nos erreurs. On peut enfin se remettre vraiment en question sans se sentir en danger. On a mis de la distance entre la situation et soi. On peut à présent mettre en place de nouvelles croyances ou valeurs plus adaptées à la situation, voire à notre vie en général. Ça libère quelque chose en nous. On est complètement ok avec cette situation qui auparavant nous faisait tant souffrir.

Parfois, quand on est complètement sorti du processus, on ne se souvient même pas de comment on fonctionnait avant. C'est troublant mais c'est un bon signe.

Pour moi, au cours de l'écriture, j'ai bien senti cette période où j'avais tellement besoin de me faire plaindre... je la connais très bien cette "victimite aiguë" en moi qui repousse certaines personnes et en attire d'autres pas forcément bien intentionnées. Quand je la vois venir, je prends soin d'elle maintenant. Je la rassure, lui dis qu'en effet, j'ai été victime de tant de maltraitances depuis si longtemps qu'elle a toute sa place en moi. Je lui accorde toute sa légitimité. Elle mérite d'être reconnue, entendue, vue. Si elle se manifeste encore c'est qu'elle a encore besoin d'être reconnue. La rejeter au fond du placard ne ferait qu'accentuer son besoin de reconnaissance. Autant la lui accorder tout de suite, autant de fois dont elle en a besoin. Même si c'est un puits sans fond. Ce n'est qu'à cette condition qu'elle finira par s'apaiser et me laisser continuer ma vie, mes activités, mes relations sereinement... comme repue après un bon repas, rechargée de cette nouvelle énergie d'amour, elle peut enfin retourner en paix de là où elle vient…

Ce que je trouve génial avec ce livre, c'est que ça m'oblige à mettre de la clarté sur ma situation actuelle et ma relation à moi-même en même temps que je revisite tout ce que j'ai déjà traversé. J'ai l'intuition, ou peut-être est-ce un rêve, que ça va m'amener au final à une renaissance peut-être aussi importante que celles que j'ai déjà vécues. Car, oui j'en ai vécu plusieurs et je pensais même que tout le monde était comme moi jusqu'en 2014.

La chose la plus surprenante que j'ai découverte durant cette thérapie c'est l'effet miroir, cet outil d'introspection hyper puissant qui permet de repérer assez facilement tout ce qui cloche en soi. Le principe est très simple : tout ce que je déteste chez l'autre est en moi, tout comme tout ce que j'admire. Je vous laisse relire et intégrer la notion. Prenez le temps de chercher un exemple récent.

Vous détestez cette femme qui parle haut et fort en attirant l'attention sur elle, tout en elle dit « regardez-moi ! » et ça vous agace au plus haut point. Je prends cet exemple car il m'a concerné. Et bien, c'est en prenant le temps d'essayer de comprendre ce qui m'agaçait tant chez elle que j'ai compris ce besoin de reconnaissance si important en moi. Si je m'observe de façon la plus objective et neutre possible, je suis comme elle, capable d'attirer l'attention sur moi en donnant mon avis sur telle ou telle injustice sociale par exemple. Même si le vœu est pieux, l'intention sous-jacente et perçue comme pénible par l'entourage, est ce besoin d'attention. Une fois qu'on a compris le principe, on ne cherche plus du tout à « taper » sur celui ou celle qui nous agace. On comprend qu'il/elle est en train de nourrir un besoin de façon inconsciente. Si on lui accorde toute notre attention et qu'on va dans son sens, même si on n'est pas d'accord, on s'aperçoit que la tension tombe très vite. C'est magique ! Ce n'est pas un jeu évidemment mais c'est intéressant de le savoir car ça peut permettre de soulager tout le monde en un rien de temps ! Évidemment il ne s'agit pas de renoncer à son opinion et encore moins de laisser l'autre occuper tout l'espace si on a des choses importantes à dire...

Miroir évolutif

Tu es intrusion
Je suis distance
Tu es brouillon
Je suis organisée
Tu es frontale
Je suis délicatesse
Tu es opposition
Je suis collaboration
Tu es tranchante
Je suis souplesse
Tu es contrôle
Je suis liberté
Tu es dépensière
Je suis économe
Tu es démesure
Je suis sobriété
Tu es apparence
Je suis profondeur
Tu es superficialité
Je suis réflexion
Tu es tape-à-l'œil
Je suis simplicité
Tu es masque
Je suis authenticité
Tu es excès
Je suis modération
Tu es agitation
Je suis ancrage
Tu es séduction
Je suis affection
Tu es fusion
Je suis respect
Tu es injustice
Je suis justesse

*Tu es mon miroir d'hier
Je suis ton miroir de demain*

Flomâgie
2023 03 16

En fait, c'est une question de positionnement, de choix stratégique qui permet de se faire la vie plus douce. Pour ma part, je cherchais (je cherche encore trop souvent) tant l'authenticité que j'en oubliais le but essentiel de la communication ou plutôt de la conversation. Mais quel est-il, au fait ? Encore une fois, je vous invite à faire une pause et à y réfléchir.

Quand mes enfants étaient jeunes, j'avais du mal avec tous ces bavardages inutiles voire violents qu'ils ramenaient de l'école. J'ai fini par imposer une règle simple : avant de parler, demandez-vous si ce que vous avez à dire est utile, agréable, vrai, important. C'est vrai que ça peut paraître sévère mais ça limite nettement les ragots et autres intox qui circulent gaiement dans les cours d'école, et ça permet d'éviter de parler à tort et à travers.

« La conversation c'est un enrichissement réciproque et partagé qui permet aux êtres humains d'échanger la confiance, la sagesse et l'amitié. C'est un art qui doit être appris, pratiqué et constamment enrichi sous peine de devenir bête et répétitif. » Théodore Zeldin.

Souvent dans les milieux spirituels actuels, on dit que la communication est une sorte de vampirisation d'énergie : ceux qui ont une énergie basse pompent ceux qui ont une énergie haute. Je suis assez d'accord avec cette idée, malheureusement. J'ai souvent ressenti que lorsque j'avais une belle énergie positive, j'attirais comme un aimant ceux qui avaient une énergie basse. Et comme j'ai une âme de sauveur qui ne résiste pas à l'occasion d'aider, je le fais avec grand plaisir. L'inverse est moins vrai car il y a un courant de pensée individualiste qui invite les gens à repousser ceux qui vont mal et c'est bien triste.

Le combat

Le distributeur de mauvaises ondes se répand sans précautions
Comme sa meilleure amie la télévision, il vide son sac à profusion

Tout est bon pour se plaindre, fondre sur n'importe quelle proie
Le jugement est acide, sans appel, le couperet mortel même parfois

Mais pourquoi taper ainsi sur son prochain au lieu de l'aimer ?
Sans doute, se sentir supérieur, au moins dans sa tête, le rêver

Et surtout ne jamais cultiver l'empathie, par peur d'être attiré vers le bas
Voir la vie comme un combat où les faibles sont condamnés au trépas

Préférer la survie par habitude ou inconscience d'autres choix
Même au soir de sa vie, n'avoir jamais connu l'amour de soi

Tristesse d'un constat qui n'aura sans doute pas d'issue
Choisir de ne voir que l'enfant maltraité dans la personne imbue

Floésie
2024 03 03

Se plaindre est un signal très important de mal-être. Maintenant que je l'identifie rapidement, je ne lui laisse plus l'occasion de me polluer. Il s'agit bien d'une pollution même si les chercheurs disent que ceux qui râlent vivent plus longtemps car ils extériorisent tout leur mal-être. Il n'empêche que les autres en subissent les conséquences et qu'on risque fort de se retrouver seul avec ses râleries. Prendre soin de soi et prendre soin des autres a vraiment tout son sens à mon avis dans le fait d'éviter de se plaindre. Je ne dis pas que c'est facile surtout quand vous n'avez connu que ça pour attirer l'attention. L'outil magique que j'ai trouvé pour retrouver la joie de vivre, c'est la gratitude. Dans les moments les plus difficiles que j'ai dû traverser, j'ai pris l'habitude d'écrire trois gratitudes minimum tous les soirs. Essayez si vous ne l'avez jamais fait. Même la pire journée que vous passez contient trois moments superbes qui vous ont fait du bien. Se reconnecter à eux permet de les revivre et de prolonger dans le temps l'effet positif qu'ils ont eu sur vous. Se sentir reconnaissant pour avoir reçu un sourire dans la rue, vu un reportage sur un pays lointain ou senti une bonne odeur de cuisine, c'est vraiment puissant quand on a pas le moral. Pour aller plus loin, je me suis lancée dans l'écriture de lettres à des ami.e.s ou à mes proches, que je n'ai pas toujours envoyées mais qui m'ont rappelée à quel point j'avais été soutenue, aidée par moment. C'est important car notre cerveau a tendance naturellement à retenir plus facilement le négatif que le positif. C'est un fonctionnement naturel, hérité du temps où nous devions faire face à de nombreux dangers dans la nature. De même, nous ne sommes pas fait pour ingurgiter des informations sur lesquelles nous n'avons aucun pouvoir. Les mauvaises nouvelles comme les guerres ou les agressions diverses et variées que nous déversent les médias, sont des poisons pour notre corps car elles nous font vivre la peur jusqu'à l'anxiété voire des angoisses incontrôlables, des AVC, des arrêts cardiaques, etc. On ne s'en rend pas vraiment compte quand on va bien mais quand on est déjà affaibli, on a vraiment intérêt à se protéger de ces sources de pollution insidieuses.

La seule façon que j'ai trouvée pour lutter contre « l'éco-anxiété » qui m'assaillait en 2007 lors de ma prise de conscience écologique, a été de me lancer dans un projet écologique. C'est en effet dans l'action qu'on libère toute l'énergie produite qui servait autrefois à lutter ou fuir. Créer quelque chose de positif pour transformer ce négatif qui nous assaille est un moyen d'être actif, occupé, focalisé sur une activité qui correspond à nos valeurs profondes et ce faisant cela nous renvoit une bonne image de nous. On fait donc d'une pierre, trois coups ! Ça vaut le coup !

Quand je me relis, je suis surprise de voir tout ce que j'ai mis en œuvre pour prendre soin de moi et le pire c'est que tout n'est pas écrit ! Je voudrais surtout ne pas oublier de vous parler de ma connexion à la nature et plus précisément aux plantes qui m'accompagnent depuis 2007. C'était tellement impressionnant comment j'arrivais à reconnaître les plantes en me baladant avec un livre, à retenir toutes leurs propriétés, les anecdotes, les utilisations... J'avais l'impression d'avoir connu tout ça dans une autre vie. La première plante qui m'a sauvée des anxiolytiques, c'est la lavande fine en huile essentielle. Tout le monde autour de moi se souvient de cette découverte magique ! Elle me permettait enfin de dormir sans cauchemars. C'était une véritable libération. Ensuite, je l'ai utilisée pour les brûlures. Je me souviens encore avoir été complètement subjuguée par la reconstruction de la peau en si peu de temps et sans aucune douleur ! Et puis, contre les moustiques : tout aussi impressionnante d'efficacité. Bref, une panacée ! J'ai même découvert ce mot à cette occasion. Toutes les plantes sont venues s'imprégner en moi comme mes meilleures amies. A tel point que lorsque la maladie de lyme ne m'a plus permis de randonner et donc de voir mes plantes préférées sur le bord des chemins, je les ai faites tatouer sur mon bras. Leur présence me rassure, me soutient, m'encourage, me soulage.

A mes côtés, je n'ai plus mes enfants, pas mes petits-enfants, pas d'animaux, pas de chéri à aimer, chouchouter, câliner, embrasser...
Mais elles, elles sont là tout autour de moi, tout le temps, même si un peu moins en hiver...
Elles sont là et me surprennent toujours tant par leurs formes, leurs couleurs, leurs odeurs, leurs goûts, leurs compétences, leurs capacités de survie...
Elles me permettent de prendre soin d'elles, de les admirer, de les utiliser pour me nourrir, me soigner...

Elles me racontent même des histoires, leur histoire, leurs origines, leurs évolutions...
Elles me relient à la Terre Mère, au climat, au sens de la vie.

Elles donnent un sens à ma vie : elles me donnent l'occasion de partager cet intérêt, cette passion avec d'autres humains.
Elles me donnent de la joie sans rien attendre, sans rien exiger de moi, sans me soumettre.

2024 05 01

La joie de vivre se trouve dans toutes les belles choses, les choses simples, tout ce qui nous fait vibrer, ce qui touche notre âme. C'est pourquoi il est indispensable et non pas accessoire, de se faire plaisir. Néanmoins, il existe des plaisirs qui ne durent pas, ne nourrissent pas notre âme voire qui deviennent des addictions et nous emprisonnent. La joie, elle, est procurée par des retrouvailles, un coucher de soleil, l'émerveillement devant un animal rare croisé par hasard ou devant une œuvre d'art, en écoutant une musique… La joie est un sentiment profond qui a du mal à s'expliquer tant qu'on ne l'a pas connu. La première fois qu'elle s'est invitée dans ma vie, elle était si intense et durable que je m'en souviens encore. C'est une véritable extase, un bonheur immense et intense que j'ai ressenti pendant ma première grossesse. Je ne savais même pas mettre un mot dessus et je pensais que ça ne cesserait jamais. Malheureusement, ça n'a pas été le cas.

Frédéric Lenoir, philosophe et sociologue, a écrit un livre sur le désir que j'ai beaucoup apprécié. De manière plus générale, la philosophie aide à comprendre beaucoup de sujets et j'encourage tout le monde à prendre le temps de lire ou écouter les philosophes. Ils nous permettent d'ouvrir nos esprits, d'appréhender le monde dans toute sa complexité. Ils me fascinent par leur intelligence et tout ce qu'ils savent depuis si longtemps sur la nature humaine et que nous devrions tous savoir pour vivre mieux…

Je ne vous cache pas qu'au fil du temps et de mes expériences de joies et de dépressions successives, j'ai eu peur un temps qu'elles soient liées comme chez les bipolaires. Heureusement, j'ai pu vérifier que ce n'était pas le cas. J'ai même vérifié que je n'étais atteinte d'aucun autre trouble de la personnalité grâce à toutes les vidéos de psychologues certifiés que j'ai visionnées. Il eut été plus juste que ce diagnostic soit posé par un ou plusieurs psy mais cela semble irréalisable, malheureusement. Vous devrez donc, comme moi, vous contenter de mes recherches et dires. Quoi qu'il en soit si c'était le cas, je ne pense pas que je pourrais écrire ce livre… D'une manière générale la question de la santé mentale est délicate car elle est difficile à définir, de l'aveu même des psy. Tant de personnes connues et influentes ont été jugées « folles » alors qu'elles n'étaient qu'en train d'explorer leur humanité profonde. Je pense aux artistes notamment qui m'ont toujours attirée par leur liberté, leur créativité débridée. Tandis que d'autres pseudo « fous » ont été enfermés pour éviter de déranger l'ordre établi. Avoir un comportement hors norme a toujours créé un malaise qui aboutit généralement à une mise à l'écart dans notre société bien pensante. Heureusement, ça commence à changer timidement…

Il n'empêche que mon séjour éclair d'une semaine, l'an dernier en HP, m'a démontré combien il était le lieu de tous les paradoxes et non pas le lieu où l'on peut être diagnostiqué et pris en charge correctement… Je vais vous épargner les explications qui m'y ont conduite mais sachez que si vous appelez le numéro de SOS suicide parce que vous avez besoin de décharger vos émotions, vous risquez fort de vous retrouver enfermé sans votre consentement, encore en 2023 ! Une aberration et une dépense d'argent public indécente.

L'hôpital psychiatrique : le lieu de tous les paradoxes

Prendre soin de l'autre contre sa volonté
Le priver de liberté pour le libérer de ses démons ou pour le protéger de lui-même
Le soumettre à des règles arbitraires pour le contraindre à accepter
L'obliger à subir la douleur des autres pour l'obliger à relativiser la sienne
Le laisser sans activités pour voir comment il gère ce temps vide de tout
L'infantiliser

Et aussi
L'éviter, le provoquer, le confronter pour observer ses limites et poser un diagnostic
Lui imposer la tolérance envers les autres sans en avoir pour lui
Le laisser croire qu'on va l'aider alors qu'on veut juste l'observer comme un animal en cage
Le laisser errer dans l'ignorance sans l'aider à se comprendre, s'accepter, se faire comprendre, se faire accepter.
Le priver de tout ce qui le sécurise, le rassure, lui permet de supporter l'insupportable et observer son seuil de tolérance et sa capacité d'adaptation.

Heureusement que j'avais de l'expérience et que j'ai compris assez rapidement qu'il valait mieux se soumettre que de protester… Heureusement que j'avais fait un grand bout de chemin dans mon évolution personnelle qui m'a permis de voir passer les étapes en moi sans les laisser être interprétées par les « soignants ». Heureusement que je savais prendre soin de moi concrètement pour dépasser cet évènement ignoble que je venais de vivre. Heureusement que j'avais la possibilité d'écrire aussi parce que se retrouver après un choc psychologique important, dans un lieu aussi inhospitalier et inhumain que ça est d'une violence sans nom ! Je défie quiconque de ne pas péter les plombs dans ces conditions. J'ai réussi à m'en sortir sans aucun traitement, ni aucun diagnostic d'ailleurs. Seulement, le discours le plus banal qui soit « allez voir un psy, c'est important… ». Chose faite mais sans aucune aide concrète à la clé encore une fois ! Vous savez quoi, j'étais fière de moi en sortant de là, fière d'avoir réussi à traverser cette épreuve de la façon la plus saine possible. Évidemment, j'étais exténuée, à bout de force mais je m'étonne toujours moi-même de mes capacités de résilience…

Le texte qui suit a été écrit bien avant cette épreuve mais il montre tellement bien la renaissance que j'ai vécue à ce moment là que je vous le donne à lire maintenant…

Je suis

Je suis une nouvelle version de moi même
Qui ne craint plus la trahison, le rejet, l'injustice et l'abandon

Je suis une nouvelle personne rayonnante
Qui est connectée au cœur des humains
Qui les comprend les aime et les aide
Sans rien attendre en retour dans l'amour inconditionnel

Je suis une belle personne vibrante
Qui voit l'amour en chaque acte et
Qui transcende toutes ses blessures et ses peurs

Je suis une belle personne confiante
Qui croit vraiment en le soutien du divin
Et prie chaque jour en le remerciant de son aide

Je suis une belle personne simple
Qui ne se perd pas/plus dans ses pensées
Et prend soin d'elle et de sa connexion chaque jour

Je suis une version de moi rayonnante
Qui montre l'exemple de l'amour et de la paix
Qui n'a pas peur des réactions que cela peut provoquer
Qui est capable de les transcender comme elle l'a fait pour elle

Je suis une belle personne humble
Qui croit en votre lumière plus qu'en la sienne
Qui se cache pour ne pas vous déranger
Qui ne dit pas quand le moral est bas

2020 09 09

J'espère que vous ne voyez aucune prétention dans ces mots qui servent plus de remontant que de déclaration, de stimulant que de prophétie. Les mots ont un pouvoir en eux seuls ! Connaître ce pouvoir et son utilisation donne de la force et nous guide sur notre chemin. Puissions nous tous choisir celui de la paix...

Ce chapitre « prendre soin » m'impressionne par tout ce que j'ai à y dire car j'ai encore des choses à vous dire sur la façon dont j'ai pris/je prends soin de moi. Je sais que parmi vous, certains seront écœurés car ils ne sont pas très sensibles à ce concept et que ça leur apparaîtra certainement comme du nombrilisme. Mais c'est tout le contraire. Apprendre à prendre soin de soi, c'est une quête d'autonomie et de liberté. Cette autonomie qui a bien failli m'échapper, je la chéris encore plus à présent. Ça parlera sans doute aux personnes en fin de vie. Au fond, cette autonomie est virtuelle car nous dépendons tous les uns des autres, à tous les âges de la vie, dans toutes les situations. En effet, quand le lien d'attachement n'a pas été sécure, l'envie de ne plus dépendre de rien ni de personne peut être plus fort que tout. On peut croire dur comme fer qu'on peut éviter d'en souffrir en se blindant, en se renfermant, en niant nos propres besoins relationnels. Je l'ai tellement vécu que je voudrais dire à tous ceux qui le font dans mon entourage notamment, que c'est une perte de temps, un leurre, une illusion. Concentrer son énergie à créer des liens sains, sécures, confiants, aimants est bien plus épanouissant, constructif pour tout le monde. Voilà en quoi ce n'est pas nombriliste. Peut-être un peu utopique mais si chacun fait sa part, on se donne plus de chance d'y arriver que de se lamenter ou de ne rien faire, ne croyez-vous pas ?

Un lieu ?

Est il un lieu un site un endroit
Où les humains s'aiment encore
Sans jugements sans critiques
Sans avis sans opinions

Est il un lieu un site un endroit
Où les êtres vivants se respectent
Au delà de tous préjugés suppositions
Craintes phobies ou projections

Est il un lieu un site un endroit
Où les gens sont simplement heureux
D'être eux même, en harmonie, en vie
Émerveillés de tant de joies et de beautés

Est il un lieu un site un endroit
Où la Vie sous toutes ses formes
A plus de valeur que quoi que ce soit
Où elle est vénérée à sa juste valeur

Puisque je ne le connais pas encore
Je choisis de le créer partout où je suis
Qu'attendons nous pour créer le monde que nous voulons ?

Floésie
2020 08 15

Plus facile à dire qu'à faire me direz-vous et je suis bien d'accord avec vous, alors ne tardons pas, attelons nous à la tâche. Ce qui manque à ce stade d'évolution de l'humanité, c'est plutôt la méthode car on a bien compris que la violence était une plaie, qu'elle générait des conséquences à très long terme sur la santé mais on a toujours pas réussi à l'éradiquer de la surface du globe. Ne pourrait-on prendre pour exemple les peuples d'autrefois ou même actuels qui vivent en parfaite harmonie ? Ils sont si rares et si petits qu'ils sont souvent relégués au rang d'exception et donc peu considérés. Des études sociologiques ont certainement eu lieu sur le sujet mais les intérêts économiques et enjeux politiques sont si puissants de nos jours que l'espoir vacille... Heureusement, à titre individuel, cela ne nous empêche pas d'œuvrer concrètement pour (re)donner leurs lettres de noblesse à toutes ces valeurs qui nous rendent si humains : l'amour, la compassion, la solidarité, la coopération, l'humilité... Prendre soin de soi et des autres, c'est aussi ça. J'adore cette émission « nus et culottés ». Deux jeunes hommes qui partent sans rien à part l'objectif de rejoindre un lieu ou de réaliser un rêve. Ils sont totalement tributaires des rencontres, de l'aide qu'ils vont trouver sur leur chemin. Quelle belle expérience ! Que de belles personnes rencontrées avec des témoignages parfois si touchants : des gens qui se sont retrouvés tellement vulnérables qu'ils ont compris toute l'importance du lien, de la relation à l'autre. Garder son cœur ouvert est la chose la plus difficile à réaliser sur Terre mais c'est notre mission. L'acceptez-vous ?

Comment garder son cœur ouvert quand il est blessé, agressé, humilié, nié, méprisé, bafoué ???
Comment ne pas réagir en agressant l'autre à son tour ou en se fouettant soi même ???
Comment retrouver la paix et la sérénité en soi et dans la relation à l'autre ???

En cherchant le pourquoi du comment dans son passé et en passant à autre chose ?
En étouffant l'affaire en rampant et en passant à autre chose ?
En pleurant toutes les larmes de son corps et en passant à autre chose ?
En écrivant ces maux avec de jolis mots et en passant à autre chose ?
En en parlant à un.e ami.e et en passant à autre chose ?
En suivant une ou plusieurs (psycho)thérapies et en passant à autre chose ?
En pardonnant l'autre et en passant à autre chose ?
En se pardonnant et en passant à autre chose ?
En cessant de juger et de se juger et en passant à autre chose ?
En voyant l'autre comme une partie de soi, et en passant à autre chose ?
En décidant de ne plus réagir de cette façon et en passant à autre chose ?

En passant à autre chose tout court ?

Pour avoir à peu près tout testé, je peux dire que tout ça apporte un soulagement et une amélioration indéniable et tout ça est donc nécessaire et important...
Mais cela ne change rien au fait que les situations se représentent inlassablement... et que le cœur a toujours mal inlassablement...

Ce que je fais maintenant le plus possible est de ne pas laisser mes protecteurs, mon ego réagir... c'est le plus dur ! j'essaye ensuite autant que possible d'accueillir cette douleur à bras le corps... de la câliner... de lui apporter tout le réconfort dont elle a besoin...

Plus je fais cela, plus je me respecte, plus je m'aime, plus je me relie à mon cœur...
Et plus je me respecte, plus je m'aime, plus je me relie à mon cœur, plus je respecte les autres, plus je les aime et plus je me relie à leur cœur...

Mon Dieu que c'est dur !
Mon Dieu que c'est éprouvant !
Mon Dieu que c'est long !

Et

Mon Dieu que c'est beau !
Mon Dieu que c'est enivrant !
Mon Dieu que c'est magique !

Mais jamais acquis... jamais... toujours à refaire... inlassablement... sans réussir parfois... sans avoir la force, ni le courage souvent... dans l'apprentissage douloureux mais salvateur de l'humilité, toujours...

Flodence
2021 01 17

Je ne sais pas si vous saisissez à quel point, tous ces écrits que je vous partage ont été de précieux supports de mon évolution, à quel point ils m'ont permis d'accéder à une certaine clarté, à quel point ils m'ont permis d'économiser des séances chez le psy… Et comme la vie est toujours pleine de surprise, c'est ma psy qui m'a encouragée à écrire ce livre ! Et j'en suis vraiment ravie car sans elle, je n'aurais pas cru que j'en étais capable et je n'aurais pas osé me lancer dans cette aventure que je pensais bien trop dure en rapport à mes capacités actuelles. Ce qui est vraiment génial avec l'écriture pour soi c'est qu'on peut être totalement authentique, aller au bout de sa pensée sans la brider, sans la censurer. Mais cela n'est pas le cas dans l'écriture d'un livre qui sera lu. Il faut prendre le temps de réfléchir à ce que mes mots pourraient provoquer comme réaction. C'est la chose la plus difficile à faire pour moi car je crains toujours de ne pas être comprise ou crue. Il faut donc trouver un équilibre entre l'expression de ma pensée qui peut être parfois assez crue, et sa formulation pour la rendre la plus compréhensible sans qu'elle heurte les sensibilités. J'avoue que ce n'est habituellement pas mon fort dans la vie quotidienne malheureusement. Je suis plutôt cash, comme on dit et cela me vaut bien des mauvais jugements et c'est bien triste parce que mon intention n'est jamais de blesser l'autre. Voilà donc que ce livre m'offre l'opportunité de travailler ce sujet de façon plus intense encore que je ne l'ai fait jusqu'à présent.

" Si vous voulez mieux comprendre votre rôle en ce monde, écrivez. Efforcez-vous de mettre votre âme par écrit, même si personne ne vous lit. Le simple fait d'écrire nous aide à organiser notre pensée et à discerner clairement ce qui se trouve autour de nous. Un papier et un stylo opèrent des miracles, ils soignent les douleurs, réalisent les rêves, restituent l'espoir perdu. Les mots ont un pouvoir".

Paulo Coelho.

Ma plume

Cette année, j'aimerais que ma plume vous caresse avec délicatesse, qu'elle vous enlève, vous élève aussi haut qu'un aigle, vous transporte dans le firmament de la légèreté, vous soulage de toutes les histoires du passé, vous enveloppe de coton soyeux et généreux

Oui, j'aimerais que ma plume vous transmette le savoir du monde en une aspiration, vous offre la beauté sur mille plateaux d'argent, vous gave de simplicité, de clarté et de facilité, vous gonfle de liberté, de frivolité et d'ingéniosité, vous émerveille de jovialité, de frugalité et d'immensité

Je voudrais que ma plume vous effleure sans vous brusquer mais vous transforme comme une baguette magique, vous inonde de toutes les joies du monde, vous rende votre innocence vibrante et vous permette de vous baigner dans l'amour originel, puissant et foisonnant, pour l'éternité

Flomâgie
2023 01 02

Délicatesse

Avec ma baguette délicatesse
Je mets toute mon attention
Sur le choix des mots, des intonations
Pour prendre soin de moi, de toi, de nous...

Avec ma baguette délicatesse
J'écoute mon cœur tendrement
Je ressens ses vibrations intimes
Je m'accorde avec elles en douceur

Avec ma baguette délicatesse
Je sais bien que tu ressens
Les mêmes choses que moi, à peu près
Je fais comme si, en tout cas...

Avec ma baguette délicatesse
Je prends le temps de trouver
Le bon moment, les bons mots
Pour te dire les choses difficiles

Avec ma baguette délicatesse
J'évite de te déranger dans tes habitudes
Je prends soin de tes blessures
J'accepte tes difficultés, tes particularités

Avec ma baguette délicatesse
Je te laisse le temps de t'adapter
De te débrouiller, d'évoluer
Je ne cherche pas à te contrôler

Avec ma baguette délicatesse
Je te demande si tu as besoin d'aide
Je t'écoute vraiment sans te juger
Je propose au lieu de m'opposer

Avec ma baguette délicatesse
Je te demande pardon de mes maladresses
Je ne cherche pas à avoir raison
Je respecte toutes tes opinions

Avec ma baguette délicatesse
Je ne te demande pas de m'aimer
Je suis totalement sincère avec toi
Je ne cherche pas à te culpabiliser

Avec ma baguette délicatesse
Je crois en la vie
J'ai confiance en toi, en moi, en nous
Pour toujours prendre soin de la vie

Flomâgie
2023 03 06

On dirait bien qu'enfin, je vais refermer ce chapitre central, celui qui m'a pris tant de temps dans ma vie. J'aurais bien aimé être comme tout le monde et vivre une vie simple, joyeuse, mais la vie en a décidé autrement. Je ne regrette rien, d'une part parce que c'est inutile, d'autre part parce que mon parcours n'est pas si banal que ça, au final. Tout est relatif, bien sûr. Il faut bien trouver une satisfaction à tant d'épreuves dépassées, non ? Je crois que c'est un phénomène tout ce qu'il y a de plus normal, d'être fier de soi quand on a réussi à rester en vie malgré tous ces obstacles...

« Le plus grand voyage est celui que l'on fait à l'intérieur de soi »
Gandhi

Merci à tous ces grands hommes (et femmes) d'avoir ouvert la voie et d'avoir partagé leurs expériences au monde entier.

Allons voir à présent du côté des autres forces plus invisibles qui sont à l'œuvre, si vous voulez bien...

14. Spiritualité

Depuis quand l'Homme a-t-il décidé qu'un ou plusieurs dieux existaient ? Je me suis souvent mise à la place des premiers hommes qui vivaient dans cette nature sauvage. Cette nature qui leur fournissait aussi bien le gîte que le couvert, cette nature puissante et terrifiante qui pouvait tout détruire en un instant et tout recréer sans aucune raison apparente. Cette nature si belle et si cruelle en même temps. J'ai compris pourquoi ils avaient besoin de prier, de croire en une force supérieure pour les protéger, tellement ils se sentaient vulnérables et démunis. C'est exactement la fonction principale toujours actuelle de la spiritualité. Se sentir faire partie de toute cette nature, de tous ces êtres vivants qu'ils soient végétaux ou animaux, renforce le sentiment d'appartenance et la confiance en la vie. Cette confiance indispensable qui nous permet de nous rassurer, nous sécuriser pour aller de l'avant, construire l'avenir, donner naissance…

Je distingue la spiritualité de la religion dans le sens où la deuxième est une sorte de guide pratique, de règles dites spirituelles que certains hommes ont créées pour permettre une organisation des relations entre les hommes et entre les hommes et les dieux. Je ne m'attarderai pas plus sur elle car je n'ai jamais eu un rapport à la religion très positif. Les guerres de religion sont pour moi l'exemple parfait de la différence entre la religion et la spiritualité.

Dans la spiritualité il y a une dissolution de l'ego qui ne peut jamais aboutir à la guerre. Dans la spiritualité, il y a une connexion à l'amour inconditionnel de tout être, qu'il soit doux comme un agneau, rugueux ou laid comme un pou, violent ou agressif comme un criminel. Et là, je sens bien toute la difficulté que vous ressentez à lire ça. Je sens bien en moi aussi, la difficulté d'accepter cet autre violent que mon ego voudrait rejeter pour éviter de me confronter à cette situation inconfortable. Or, cet autre apparent est une partie de moi. Il vient en résonance avec mes parties violentes, intolérantes, exigeantes, souffrantes. Ce que la spiritualité invite à faire, c'est justement d'accéder à cette conscience et d'aller chercher à transformer toutes ces énergies sombres en lumière, en pur amour, en acceptation illimitée... Il ne s'agit donc pas de suivre des règles imposées par l'extérieur mais bien de faire un travail intérieur profond, long et douloureux, plus proche de la psychanalyse au fond. Faire un tour du côté de l'allégorie de la caverne de Platon peut aider à comprendre le concept.

Ma relation à la spiritualité a sans doute commencé très tôt sans que je m'en aperçoive. Je me souviens d'une punition où je devais recopier un texte immense de Confucius. Hélas, je ne me souviens pas en avoir tiré quelque enseignement. Les punitions ne servent pas à ça... Le premier livre qui est d'ailleurs un conte philosophique, dont je me souviens, c'est « l'Alchimiste » de Paulo Coelho. C'est ma « mère de cœur », Nicole, qui me l'avait proposé. Ensuite, j'ai adoré « L'étranger » d'Albert Camus. Je pense qu'à ce moment est entrée en moi la notion qu'il y avait une autre façon de vivre, que ce qu'on voyait là n'était pas la vraie vie. C'est difficile à expliquer car c'était plus une sensation qu'un concept.

Plus tard, je me souviens avoir fait des séances de spiritisme à l'internat avec des copines. Ça m'avait un peu foutu la trouille surtout quand mon grand-père paternel, Bernard Chambon, était venu et n'avait rien voulu dire. J'ai eu d'autres expériences avec des voyant, guérisseuse, mage au cours de ma vie de jeune adulte, sans a-priori mais sans convictions non plus. Le monde invisible m'attirait mais je n'y trouvais pas mon compte. Comme vous peut-être, je me disais que tout ça était des pièges à naïfs, des histoires à dormir debout ou pour les enfants, des bêtises sans grand intérêt ni grande utilité dans le quotidien. Tout au plus, parfois, certaines personnes pouvaient avoir une sorte de don mais c'était rare, un peu comme les miracles à Lourdes. Dans mon quotidien, je n'y voyais rien de bien concret.

Le concret est arrivé beaucoup plus tard, en 2013. Je vous l'ai déjà raconté j'étais bloquée par deux doubles tendinites. M'est venue alors l'idée de prier, de hurler devrais-je dire, de demander de l'aide en tous cas, au Seigneur, à Jésus. Je ne me souviens pas l'avoir fait avant, en tous cas jamais avec cette intensité. J'étais en larmes, à genoux, je regardais le ciel, je ne citais pas le Nôtre Père ou quelque autre prière apprise ou écrite par quelqu'un d'autre. Il n'y avait que lui et moi. Ça a duré longtemps, plusieurs heures, j'étais épuisée. Le lendemain, alors que je pleurnichais au téléphone en racontant ma situation catastrophique à Estelle, ma thérapeute, elle m'invita à aller faire un câlin à un arbre parce qu'elle savait que j'aimais la nature. Je n'en connaissais pas, je ne pouvais pas marcher plus de 200m. Elle insista. Je chaussais donc mes chaussures de marche, pris un bâton de marche pour me soutenir et là, miracle ! J'ai pu marcher ! Je me sentais comme si je marchais dans les pas de Jésus. J'ai pu marcher sur une longue distance, en confiance, en paix, dans la joie de retrouver ma liberté ! Et ça a duré toute la journée… Jamais je n'avais vécu ça auparavant, c'était extraordinaire ! J'étais dans une telle gratitude, une telle euphorie, une telle reconnaissance que je promis une seule chose à Jésus : témoigner de ma foi à chaque fois que l'occasion se présenterait. Je continue à tenir ma parole, en ce moment même. Je prie parfois aussi par écrit.

Au cours de ma thérapie en 2014, j'ai découvert que je n'avais pas assez écouté ma petite voix ces dernières années. Vous savez celle qui vous dit d'aller sur ce chemin plutôt que celui-là, celle qui vous met en garde quand quelqu'un n'est pas bien intentionné à votre égard avant même qu'il ait fait ou dit quoi que ce soit d'inquiétant. J'ai compris que j'avais cessé d'être connectée à mon intuition, que je prenais mes décisions en pesant le pour et le contre comme un juge au tribunal. Évidemment dans bien des situations, il est préférable d'agir avec raison, de réfléchir posément pour éviter d'être soumis à des impulsions parfois mauvaises pour nous-même comme l'envie de manger un gros gâteau au chocolat quand on est boulimique. Dans mon cas, à cause de mes handicaps divers, de mon manque de confiance en moi, j'avais choisi l'option contrôle en permanence, en plus de l'hypervigilance dans laquelle m'avait plongée l'expérience de la violence conjugale. Ce qui faisait de moi une espèce de robot, assez performant en apparence je dois dire, qui au fil du temps ne savait plus du tout se servir de son intuition, son guide intérieur pourtant si important et juste. J'étais allée jusqu'à choisir mon compagnon Pascal, de cette façon : un vrai recrutement !

Petit à petit, j'ai réussi à nouveau à me reconnecter à mon intuition en suivant ma première idée, envie, en me reliant à mes émotions, mon intimité et là j'ai découvert un autre monde, une autre façon d'être au monde plus exactement. J'avais l'impression de renaître vraiment, de redécouvrir la vie… Cela a duré pendant des mois et puis un jour, je me suis aperçue que je ne mangeais presque plus sans même l'avoir décidé ; je dormais très peu et j'avais une « patate d'enfer » ! Je ne comprenais pas ce qui m'arrivait mais je trouvais ça génial. J'en ai parlé à un ami qui m'a dit : « mais tu vas devenir respirienne ». Ne comprenant pas du tout de quoi il parlait je me suis renseignée et j'ai découvert que ce terme désignait des personnes qui ne se nourrissaient plus et pourtant vivaient parfaitement en bonne santé car elles se « nourrissaient du prana », de l'énergie divine… Waouh ! Je venais de comprendre que je me nourrissais d'énergie divine en étant tout le temps connectée à l'instant présent, à mon intuition, à mon âme, en méditant, en respirant…

Cette expérience spirituelle correspond à ce que certains nomment l'éveil. En général, quand on évoque ce mot, tout le monde pense à des êtres spirituellement reconnus (tel que le Bouddha)… Personne ne vous dit que vous pouvez atteindre l'éveil sans être religieux. On ne vous croit pas quand vous dites que vous avez vécu ces expériences ou on les minimise… « oui, bon d'accord, c'est un état modifié de conscience assez courant et banal... ». La science s'est penchée sur la question, a fait un inventaire de ces états modifiés de conscience en y associant tout plein de mots barbares voire stigmatisants. Malheureusement, beaucoup de personnes se sont vues enfermées en HP pour avoir décrit des phénomènes dits mystiques, alors que de tous temps et partout sur la planète, des hommes et des femmes ont vécu ce genre d'expériences. Certains étaient même très influents comme les druides. Et puis il y a eu la chasse aux sorcières et aux superstitions et alors on a « jeté le bébé avec l'eau du bain ». Donc on se retrouve maintenant à ne plus savoir vivre en harmonie avec le vivant. On ne vous dit pas comment y parvenir et encore moins ce que ça va changer dans votre vie. La particularité de l'éveil, c'est que ceux qui le cherchent peuvent passer des années dans cette quête sans y parvenir, tandis que d'autres, comme moi innocente, ne cherchent rien et le trouvent « par accident ». La différence entre ces deux catégories de personnes, c'est que les premières sont souvent accompagnées par des grands maîtres spirituels, tandis que les autres se retrouvent complètement larguées avec leur découverte. Heureusement, encore une fois, la Vie a guidé mes pas vers Isabelle Padovani qui m'a grandement aidée dans la compréhension et la digestion de tout ça… Je recommande d'ailleurs son livre « Au cœur du vivant » au passage. Je l'ai suivie pendant un an environ au travers de ses vidéos, puis j'ai senti qu'il était temps de lâcher son

« enseignement ». Il faut bien admettre que tous les changements qui s'étaient opérés en moi étaient si importants que j'avais l'impression d'être une extra-terrestre pour les autres. J'ai même eu une phase où je me sentais « supérieure », phase totalement normale, paraît-il. Pour quelqu'un qui s'était toujours sentie inférieure aux autres, c'était une grande nouveauté et ma foi, assez agréable ou plutôt confortable. Se sentir enfin à sa place, connectée avec les éléments, se sentir guidée, soutenue, aimée, c'était magique pour moi. Pour quelqu'un qui l'a toujours été, ça n'a rien d'exceptionnel. Pour moi, ça l'était d'autant plus que c'était en moi et accessible à tout moment. Je n'étais plus dépendante de personne pour me rassurer, m'écouter, m'aimer... ça paraît si bête mais c'est si important.

Il y a moi et puis Elle

Il y a mon corps et puis mon âme
Il y a mon ego et puis le divin en moi
Il y a ma vie et puis La Vie

Dans l'un je sens, ressens, teste
Dans l'autre je me laisse porter
Dans l'un je souffre, je ris, je prie
Dans l'autre je me dépose

Dans l'un je peste, je choisis, je crie
Dans l'autre je lâche tout
Dans l'un je grandis, j'apprends
Dans l'autre je reçois la Guidance

Dans l'un je parle, je me trompe,
Dans l'autre tout est parfait toujours
Dans l'un je veux, je crois, je subis
Dans l'autre j'ai confiance absolument

Dans l'un je crée, je transmets, j'évolue,
Dans l'autre j'ai accès à toute la connaissance
Dans l'un j'aide, j'accompagne, je soigne
Dans l'autre je suis l'infini

Dans l'un je suis limitée, vulnérable
Dans l'autre je suis illimitée, puissante
Dans l'un je crois avoir du pouvoir
Dans l'autre j'ai tous les pouvoirs

L'un dans l'autre, l'un avec l'autre
Dans la pure et saine conscience de l'un et de l'autre
Chercher l'équilibre horizontal et vertical
Pour trouver son exacte place...

Flomâgie
2021 02 25

Ô mon âme

Ô mon âme, je me baigne en toi avec délice
Ta lumière dansante me ravit les sens
Ô mon âme, je m'inonde de tes douces ondes
Ta candeur savoureuse me remplit d'extase

Ô mon âme, comme il est bon de te savoir là
Toujours disponible pour me rassurer, me câliner
Ô mon âme, comme je suis heureuse de te retrouver
A chaque fois que je désespère, m'enterre

Ô mon âme, sereine est ton élégante présence
Patiente est ta générosité sans fin
Puissante est ta magnificence légère
Ô mon âme, mystérieuse est ton étrange magie

Ô mon âme, que j'aime ta fraîcheur suave
Que j'aime tes nuances volatiles fleuries
Que j'aime tes espaces infinis intemporels
Ô mon âme, que j'aime ta liberté divine

Ô mon âme, je t'aime comme tu m'aimes
Inconditionnellement, passionnément,
Ô mon âme, ma guérison, ma plénitude
Nulle autre n'est plus belle que toi !

2023 08 29

La peur nous réduit à l'esclavage, le saviez-vous ? Vous êtes-vous demandé ce que vous feriez de votre vie si vous n'aviez plus peur de vivre ? J'ai bien dit, peur de vivre ! Car nous sommes malheureusement prisonniers de nos peurs sans même le savoir. Quand on est relié aux éléments, à la Vie, on n'a plus peur de tout et de rien. Tout est à nouveau possible comme lorsqu'on était adolescent. Et c'est ainsi que j'ai vécu d'autres expériences spirituelles. Je ne vous les raconterai pas toutes mais celle de la tempête me semble intéressante. J'habitais dans ma yourte, fabriquée avec amour, et la tempête est arrivée en pleine nuit. Je me suis réveillée en sursaut à 5h du matin en sentant le lit faire un bond, tellement le vent était puissant ! Sachant que la yourte était très solide puisque fabriquée en bois et bien lestée par la mezzanine et tous les meubles, j'avoue que je n'imaginais jamais vivre ce genre de situation. La peur m'a immédiatement envahie. Je me posais mille questions : « dois-je partir ? Où aller ? Si je m'en vais, je vais me faire du souci pour la yourte, donc je n'arriverai pas à être en paix. Mais si je reste, je vais mourir de peur, si je ne meurs pas ensevelie par la charpente ! Bref, mon égo s'affolait. Le mode survie était enclenché et tournait à fond. Après avoir passé un long moment dans cet état de stress maximal, j'ai pris la décision de me poser et de ne plus penser à rien. Juste être là avec ma peur. La sentir me transpercer de part en part, me liquéfier, me posséder, me soumettre, m'anéantir virtuellement. Cela a duré encore un bon moment. Puis, subitement, j'ai eu une vision : je survolais la steppe mongolienne, et je voyais une yourte toute seule au milieu du désert. Je me suis dit qu'il n'y avait pas d'hôpital aux alentours, pas de voisins, pas de grotte ou se cacher. La pauvre petite yourte était soumise aux éléments mais elle ne bougeait pas. Tout à coup, je me suis retrouvée à l'intérieur de la yourte. J'ai alors vu ses habitants, parents et enfants, assis en tailleur autour du poêle central éteint, totalement silencieux et calmes. C'était une vision incroyable de vérité. J'étais vraiment avec eux. Et tout à coup, j'ai senti l'apaisement complet dans tout mon corps ! Incroyablement puissant. Une telle paix que je n'avais envie de rien d'autre que d'être ici et maintenant et de savourer ce moment d'une pureté infinie ! Il a duré jusqu'à ce que la tempête cesse et son souvenir ne m'a plus jamais quittée. Fuir était mon système de protection depuis toujours. Affronter mes peurs est devenu ma nouvelle façon de vivre. Ne plus avoir peur rend plus fort, plus vivant, plus juste aussi. Je remercie la Vie de m'avoir montré le chemin.

Même si on m'a dit plusieurs fois que j'étais courageuse, j'ai le sentiment d'avoir plus souvent fui qu'affronté mes peurs. Ce qu'on appelle le courage dans notre société moderne, est synonyme de s'acharner, s'obstiner, forcer le passage. C'est le contraire de vivre avec les éléments, les messages, les intuitions. Alors, on se fait mal, on trébuche, on tombe malade.

Réalité

*Ma réalité n'est pas la tienne
Ta réalité n'est pas la mienne*

*Nos réalités se choquent parfois
Nos réalités se rejoignent parfois*

*Il existe néanmoins une réalité
Une réalité absolue, intemporelle et universelle
Une réalité presque inaccessible, rare et précieuse
Une réalité puissante et fascinante*

*Cette réalité intime et pourtant partagée
Est nommée Dieu, la Conscience, l'Univers, la Vie...*

*Et pourtant, elle n'est pas crue, pas acceptée, pas respectée, pas aimée
Par tous...
La réalité n'a pas besoin de l'être, elle reste réalité au delà de toutes croyances...*

*Mais quand elle est rejointe,
Elle transcende la guerre en paix
La maladie en enseignement,
La vulnérabilité en force,
La tristesse en joie,
Le malheur en bonheur,
La peur en amour,
La rancœur en gratitude...*

*Floésie
2024 02 06*

La fée

Elle vogue, elle vole la fée au gré des énergies et des émotions,
Elle les goûte de sa langue de serpent,
Elle les vibre dans ses cellules sensibles,
Elle les scanne à chaque instant pour en définir les différences,
Elle les analyse patiemment en les décrivant avec des mots,
Elle les utilise courageusement pour se libérer des blessures engrammées,
Elle joue avec comme une enfant en les transformant en poèmes,
Elle les cuisine en les assaisonnant des parfums des fleurs,
Elle les jardine avec amour en chantant de douces mélodies à ses tomates,
Elle les voit se faufiler dans les branches des arbres ou sur les visages,
Elle les emploie à aider ses ami.e.s quand ils le demandent,
Elle les danse chaque jour en beauté et en joie,
Elle s'en habille quelques fois et s'en déshabille souvent en méditant,

Elle les exprime toujours pour ne pas qu'elles pourrissent,
Elle s'amuse toujours avec elles quelles que soient leurs couleurs,
Elle voyage en elles du froid au chaud en passant par le tiède,
Elle jongle avec pour faire rire la galerie,
Elle aime par dessus tout les harmoniser en une vie riche et sautillante...
Demandez lui, elle vous racontera son secret mystérieux si vous êtes prêt.e.s à changer de pays...

Floésie
2020 06 12

Connexion

*Le Paradis est en moi
Le Paradis est en nous
Au delà des souffrances
Au delà des douleurs*

*Dans cette vastitude
Cet océan de gratitude
Cet espace d'infinitude
Cette puissante béatitude*

*Il y a toute la liberté concentrée
Toutes les guérisons souhaitées
Toutes les acceptations gagnées
Toutes les forces développées*

*Dans cet état
De Connexion à Soi
De Relience au Tout
De Méditation Profonde
De Transcendance Divine*

*Il y a toute la Joie, toute la Foi
Toute la Confiance, toute la Paix,
Toute la Lumière de la Terre et du Ciel,
Toute la Puissance de l'Amour
Guérisseur*

Dans ce lieu d'extase bien réel,
Dans ce lieu invisible bien concret,
Dans ce lieu immatériel bien ressenti,
Dans ce lieu indescriptible bien présent,

Il n'y a plus d'ego, plus de choix,
Plus de guerres, plus de peurs,
Plus d'espoirs, plus d'illusions,
Plus de tristesses, plus d'attentes...

Juste une Connexion,
Juste une mise à disposition,
Juste une Confiance,
Juste un immense Bonheur...

Flomâgie
2021 03 23

Ce matin, j'ai retrouvé la connexion à mon âme. Certains d'entre vous savent pertinemment de quoi je parle et c'est tant mieux. La sensation que cela procure est très difficile à décrire. C'est comme si on était en train de voir son intérieur, on ressent des sensations à la fois étranges et agréables, on les observe venir et partir, on ne cherche pas à les fixer, parfois on sent sa poitrine s'ouvrir jusqu'à l'infini, on se sent grand et fort, on ne pense à rien, on vit l'instant présent dans son intégralité, on sent l'espace qui est en nous, vide et plein à la fois. Et ça fait un bien fou car on sait qu'on est pas seul, qu'on est soutenu, aidé, guidé par cette force, notre âme. On sait qu'elle est là pour nous tout le temps, disponible, offerte et guérisseuse. On sait qu'on peut lui faire une confiance totale, qu'elle ne nous abandonnera jamais.

Mon âme c'est la source d'amour infini qui est en moi
Mon âme c'est le lieu de connexion à l'Univers tout entier et à chaque être vivant, visible ou non
Mon âme c'est mon centre, mon refuge, ma maison, mon départ et mon arrivée en même temps
Mon âme c'est ma source de paix, de sérénité, d'harmonie, de joie
Mon âme c'est mon pouvoir de transformation intime, c'est ma lumière puissante, indestructible

Ce matin, j'ai retrouvé cette connexion à mon âme car même si je sais qu'elle est toujours là, parfois, je ne parviens plus à m'y connecter. Quand ça ne dure pas trop longtemps, ce n'est pas très grave, car je me souviens que ça peut revenir. Quand ça dure longtemps comme ça a été le cas en 2020, ça a failli me coûter la vie car j'ai cru qu'elle ne reviendrait plus, que tout ce que j'avais vécu avant n'était qu'illusion, que je m'étais fait des films, une fois de plus. Cette période, je l'ai appris plus tard, est appelée « la nuit noire de l'âme ». Je n'ai pas voulu en savoir plus car les théories diverses et variées ne m'intéressent pas plus que ça. On trouve tellement du grand n'importe quoi parfois que je suis devenue assez distante vis à vis des milieux dits spirituels, accessibles sur internet. En fait, elle correspond à une dépression gigantesque, bien plus intense que ce que je n'avais jamais connu car je l'ai vécue en conscience, c'est à dire sans vouloir lui échapper comme je le faisais auparavant. De toutes façons, c'était impossible d'y échapper. Le trou était si profond que je n'en voyais pas le bout. J'attendais de remonter à la surface comme d'habitude mais ça ne venait pas. Quelle épreuve, quand j'y repense ! C'est un peu comme si on devait connaître l'enfer après avoir connu le paradis. Je sais, ça paraît assez naïf comme explication mais « Heureux les simples d'esprit...», paraît-il. Je crois que la simplicité, l'honnêteté, la sincérité, l'authenticité envers nous-même et le reste du monde est la seule voie à suivre. Et après avoir connu le paradis et l'enfer, je me suis mise en chemin vers l'équilibre, le Graal, cet endroit où on n'est plus déstabilisé par les épreuves. Je cherche encore cet équilibre que je sens parfois acquis et qui m'échappe aussi à d'autres moments car j'ai encore des évolutions à réaliser, comme nous tous, tant que nous sommes vivants.

Cette étape de connexion au vivant, comme je l'appelle maintenant, a changé tant de choses en moi que je ne suis pas sûre que mes proches sachent qui je suis à présent. C'est bien une des raisons qui me pousse à écrire ce livre aussi. Pour que les transformations intérieures soient partagées... encore faut-il qu'il y ait une ouverture, une communication possible. Je souhaite par dessus tout, que vous soyez encore là pour me lire, mes chers proches, mes parents, mes sœurs, mes fils et leurs compagnes, et plus tard, mes petits enfants. Je pense aussi à mes amies et amis qui sont encore là dans ma vie, même de loin.

Le chemin du bonheur

Sur le chemin du bonheur
Je rencontre des obstacles
Je les crois, les pense à l'extérieur
Mais c'est faux me dit l'oracle

Tout vient du dedans
Du profond de mon âme
Rien d'autre à faire vraiment
Que me relier à cette flamme

La recette est pourtant simple
Détente et confiance profondes
Lâcher prise et foi indéfectibles
Patience et amour infinis
Persévérance et constance absolues
Détermination et dévouement puissants

Bien sûr rien n'est possible sans
La dés-identification au Persona
Qui ouvre la voie de la conscience clairvoyante

Sans oublier un soupçon de légèreté et d'autodérision
Un bonne dose de détachement quant au résultat
Et un grand bol d'acceptation de ce qui est

La recette n'est pas si difficile
Mais ne rapporte rien
Aux avides de pouvoir et d'argent
Alors elle n'est pas diffusée
Librement et massivement

Elle est pourtant entre nos mains...

2020 10 09

Le funambule

Comme l'équilibriste
Rester debout
Vacillante mais debout

Même dans le brouillard
Même dans la tempête
Même sous les coups du sort

Comme l'artiste
Regard fixé au loin
Bras tendus
Fusionnant avec l'horizon

Dans la précarité de l'instant
Espérer le prochain vaillant
Défier l'attraction terrestre
Percer le mystère du vent

Comme le funambule
Rester debout
Tremblante mais debout

Laisser les peurs s'évanouir
Choisir la brise caressante
Nouer des liens avec le fil
De l'araignée géante

Tenter l'aventure solidaire
Timidement, pudiquement
Apprivoiser les fragilités

En s'amusant avec les signes

Rester sur le fil... du rasoir
Sereinement, patiemment
Sans pirouette ni cacahuète
Sous le chant de la chouette

Comme le funambule
Rester debout
Vulnérable mais debout

Jusqu'au bout...

Floésie
2022 10 21

Je ne sais pas si je devrais vous raconter tout ça car je me dis que ça peut vous induire en erreur, que ça peut vous faire sous-entendre que finalement tout ça c'est du vent ou sans intérêt. Mais quelle erreur ! J'aurais totalement échoué dans mon objectif de vous montrer qu'il existe, le bonheur, le paradis sur cette Terre. Car c'est bien le cas, je ne suis pas seule à le dire. Tous les mystiques le racontent. Ils ont aussi vécu des expériences extraordinaires que peu de gens veulent croire, de peur d'être pris pour des crédules ou de se sentir inférieurs ou nuls de ne pas y avoir accès. Voilà pourquoi j'ai cessé de parler de mes expériences spirituelles depuis plusieurs années. Je le faisais avec tant de naïveté, de sincérité, sans me douter de ce que ça pouvait provoquer sur mon auditoire. Le pire a été quand l'écriture guidée est venue et qu'elle a mis de la lumière sur tant de choses, de situations, de personnes. J'ai publié ces textes sur FB sans méfiance, spontanément, sans précautions. Ça a duré longtemps. Je me sentais tellement en harmonie quand j'écrivais et publier était automatique, spontané. Certaines personnes concernées ou non me félicitaient pour la justesse du propos qui apportait un éclairage sur la situation qu'elles vivaient. C'était génial ! Un vrai bonheur, la sensation enfin d'être utile et à ma place dans ce monde. La maladie me clouait sur mon fauteuil mais j'étais plus vivante que jamais ! Je voyais au-delà des apparences, je voyais clair en moi, en tout, je transcendais les épreuves. Ce sont ces textes que vous avez déjà lus dans ce livre, signés Flomâgie quand ils étaient guidés, Floésie quand ils étaient poétiques, Flodence quand ils étaient des confidences intimes (rarement publiés)…

Poésie

Joli cadeau de l'au delà,
Poésie de l'infini,
En moi tu es entrée,
En moi je t'ai gardée

Sans y croire tu es arrivée,
Par les pleurs éternels de l'amour,
Sans y voir la lumière,
Je t'ai laissée me pénétrer

Sans vouloir te posséder,
Les mots chantent et s'agrémentent,
Si faciles, si étranges, il s'écrivent tendrement

Et cette passion prend corps
Et vole les temps morts,
Les temps infertiles et inutiles
Les rendant agiles et graciles

Permettant enfin au cœur de donner sans compter,
Permettant aussi à d'autres de s'y retrouver

Le don divin n'ayant d'autre choix que d'être honoré par son porteur,

Il apporte malgré lui la reconnaissance et le bonheur,
Donnant du sens enfin aux errances délirantes,
Délivrant par le fait de tant de souffrances

Floésie
2020 06 16

Plus j'avance et moins je vois la fin de ce livre. J'ai tant à vous dire. J'aimerais vous partager tant de textes notamment ceux qui sont légers, joyeux qui libèrent de belles énergies. J'avais fait un recueil de poèmes en 2020 dans la foulée de mes créations. Je l'ai partagé à quelques personnes mais je n'ai jamais eu suffisamment de retours positifs pour me dire que ça valait le coup d'en faire un livre imprimé. D'ailleurs les livres de poésie que j'ai achetés m'ont souvent déçue. En effet, la poésie est un extra-terrestre dans le monde de l'écriture. C'est un art qui n'est plus à la mode depuis bien longtemps, certes, mais surtout qui est le plus facilement sujet au rejet. En fait, la lecture d'un poème et surtout ce qu'il provoque est si mystérieux que ç'en est perturbant. J'ai dû lire « La vitamine P » de Jean-Pierre Siméon pour en savoir plus sur cet art étrange. Je ne me considère toujours et surtout pas comme poète mais je ressens un grand plaisir quand mes mots touchent le lecteur. Ces mots viennent souvent très spontanément. Je les retouche très peu. J'aime ce sentiment d'urgence dans la création. J'aime cet état presque irréel qui transperce le réel. J'aime cette sensation d'éternité ressentie intensément. Parfois le sens du texte/poème m'apparaît après relecture. Parfois, les mots sont choisis avec soin et leur poids ne peut être perçu que s'ils sont lus avec grande attention. C'est cette présence puissante que j'aime dans le processus créatif.

Si mes mots

Si mes mots te touchent j'en suis ravie
Si mes mots t'émeuvent j'en suis émue
Si mes mots te guérissent j'en suis surprise

Le pouvoir des mots ne m'appartient pas
Le pouvoir des mots me traverse comme toi
Le pouvoir des mots est une musique universelle de choix

Les premiers mots reçus laissent leur empreinte
Les suivants résonnent en échos plaisants ou déplaisants
D'autres arrivent en secours, rétablissent l'harmonie

Si mes mots te touchent j'en suis ravie
Si mes mots t'émeuvent j'en suis émue
Si mes mots te guérissent j'en suis surprise

Flomâgie
2023 02 21

Vous l'avez sans doute remarqué, il y a beaucoup de répétitions dans mes textes. Il faut savoir que je ne décide de rien, ni la forme, ni le nombre de pieds, de vers, s'il y aura des rimes ou pas. Quasiment tous mes textes sont spontanés. J'aime cette liberté. L'art, quel qu'il soit est à mon sens spirituel. Certains le pratiquent comme un métier, plus proche donc de l'artisanat, et dans ce cas, il est moins soumis à l'inspiration. C'est ce lien qui m'intéresse, que je recherche quand je suis en présence d'une œuvre. Sentir que l'auteur et moi sommes reliés à la même source provoque en moi un tel émoi, une telle joie. C'est un peu comme si je revenais dans le ventre de ma mère. Une sensation à la fois douce, sécurisante et légère. Nous avons tous vécu cela au moins une fois dans notre vie, ne serait-ce que devant un coucher de soleil… Je ne suis pas sûre par contre que tant de monde que ça ait été sauvé par cet émerveillement. Cela a été le cas pour moi quand j'ai vu un tableau si beau qu'il m'a transportée pendant des jours et a déclenché un poème. Et puis le peintre a partagé d'autres toiles, et j'ai encore été émue alors j'ai encore écrit… Une grande amitié est née entre nous. Je serai éternellement reconnaissante à Jean-Paul Boymond de m'avoir sortie du désespoir dans lequel j'étais à ce moment, encore une fois, au bord du gouffre…

Plume et pinceaux

Plume et pinceaux unis dans la passion poétique manient les couleurs de la vie pour la sublimer
Leurs ondes se répondent dans une douce farandole qui vole vole au dessus des mots

Dans le sang de leur douleur puisent la force de la transcendance verdoyante et mature
Dans les airs vaporeux s'enivrent de rêves féeriques délicieusement harmonieux

De cette valse des muses naît sans fin d'exquises œuvres à déguster sans modération sur le plateau des réseaux

Chaque surprise matinale éclate comme le rire d'un enfant, déchire la toile d'un sourire béat d'adolescent amoureux, réanime gentiment le cœur d'une vieille sorcière endormie

Floésie
2023 02 12

Cueillie

Il m'a cueillie au pied du lit
Avec son flamboyant bouquet
De roses valentines coquines

Il égaye mon réveil de vieille
Avec sa toile pure merveille
Se prenant pour une bouteille

Je sens son cœur battre fort
La chamade à tort et à travers
Ses blanches nuits hantées

L'amour est à la fête, quelle fête !
Qui n'aime pas l'amour est bête
Qui aime l'amour perd la tête !

Mirage et illusion riment avec fusion
Réalité et projection avec désillusion
Entre les deux, deux cœurs à l'unisson

Voyagent en mots et en couleurs
Sur leurs parchemins de bonheur
Sans questionner d'autres heures

Floésie
2023 02 14

Bullons

Bulle de savon dans l'air flottant
Rêve d'enfant dans le soleil couchant
S'élève en miroitant vers un pays charmant

Bulles d'espoir dans un monde noir
Trêve du vieillard à l'approche du soir
Scintillent de mille feux comme un exutoire

Bulle d'ignorance dans sa transparence
Perle d'une Florence à la recherche de tolérance
Surfe furtivement en cachette sur la connaissance

Bulle de champagne enfin en bonne compagne
Promesse de retrouvailles au pays de cocagne
Étincelle les prunelles par delà les montagnes

Bullons ensemble à la source de la Vie
Cure de jouvence par la science ravie
Rajeunit les cellules même sans son avis

Floésie
2023 02 17

La pieuvre

L'œil tentaculaire explore son monde imaginaire
De ses peurs naissent son univers de vipères
Brouillard fantasmagorique énigmatique farci d'esthétique
Cherche le contact au réel frêle d'une lueur magique

L'œil révèle sa folie pour l'expier à jamais
Son araignée marmonne des jurons fastueusement laids
Son anguille vogue de mensonges en balivernes ternes
Son requin croque ses rêves à la sauce limace fadasse

Que d'efforts pour l'attention attirer à la volée !
Le fantôme entêté tente une basse grimace pour rigoler
Le dauphin s'extasie en moqueries débiles et viles
Que l'esprit de la pieuvre avale goulûment avant l'exil

L'œil nettoyé se repaît en satiété proche de l'ébriété
Vue dégagée tournée vers l'horizon espiègle de nouvelles pensées
Attend la rencontre ultime avec passion en se dandinant
Miraculeusement imprégné dans la toile du vivant fascinant

Floésie
2023 05 01

"La poésie est parole aimante, parole émerveillante, parole enveloppée sur elle-même, pétales d'une voix tout autour d'un silence. Toujours en danger de n'être pas entendue. Toujours au bord du ridicule, comme le sont toutes les paroles d'amour... La poésie on ne l'écrit pas avec des mots. La matière première d'un poème, son or pur, son noyau d'ombre, ce n'est pas le langage, on écrit d'abord avec sa vie, ce n'est qu'ensuite qu'on en vient aux mots. Ceux pour qui les mots sont les premiers, ce sont les hommes de lettres, ceux qui, à force de ne croire qu'à la littérature, ne connaissent plus qu'elle. Ceux pour qui la vie est la première bénie, ce sont les poètes. Ils ne se soucient pas de faire joli, ils s'inquiètent d'abord de vivre, seulement vivre. Se faire silencieux, se rendre attentif, vivre, aimer, écrire ce sont des actes qui n'en font qu'un seul....la poésie est une parole aimante : elle rassemble celui qui la prononce, elle les recueille dans la nudité de quelques mots. Ces mots - et avec eux le mystère d'une présence humaine- sont offerts à celui qui les entend, qui les reçoit. La poésie dans ce sens c'est la communication absolue d'une personne à une autre : un partage sans reste, un échange sans perte. On ne peut pas mentir en poésie. On ne peut dire que le vrai et seulement le vrai..."

Christian Bobin - la merveille et l'obscur-

Je suis fascinée par cet homme et son œuvre. Lui qui est un homme de foi n'en parle que rarement dans ses textes, par pudeur ou guidé par son intuition ; il a réussi l'exploit de gagner le cœur de tant de gens par son humilité et sa sincérité. Un modèle à suivre dans ce monde de fous...

Je voudrais bien terminer ce chapitre avec le chamanisme car hier soir j'ai écouté une conférence de Fabrice Midal, philosophe et écrivain. J'ai bien aimé retrouver les mêmes préceptes que ceux que j'avais découverts au travers d'autres auteurs. Tous les chamanismes du monde entier sont identiques au fond. C'est ça qui les rend justes. Sans s'être rencontrés, sans avoir échangés sur leurs pratiques puisque les moyens de communication n'étaient pas encore développés, les différents chamanismes sont tous arrivés aux mêmes façons d'appréhender la vie : la respecter avec humilité, suivre son fil sans la contraindre, se mettre à son service, l'observer, la laisser nous guider, l'honorer et lui rendre grâce, l'aimer avec douceur et confiance. La première fois que je suis allée dans une rencontre sur le chamanisme, j'ai eu l'impression d'une sorte de foire à l'expérience spirituelle et cela m'a quelque peu dérangée mais j'ai aussi été touchée par ma rencontre avec le chamanisme celte. Il faut bien admettre que nous sommes nombreux à être perdus dans cette société qui vient de sortir du christianisme. La relation à la spiritualité est un besoin fort mais comment faire pour trouver les bonnes personnes, celles qui ont été initiées par de « vrais » chamanes ? C'est une vraie question. J'ai donc été très vigilante pour ne pas me faire embringuer dans une secte ou un mouvement similaire qui m'aurait fait perdre pied avec la réalité, le concret et je me suis laissée guider par mon intuition bien entraînée. Ce qui a été très concret, c'est le soin chamanique que j'ai reçu d'une amie formée, Sandrine, qui a révélé le lien intense que j'avais avec mon grand-père Charles, identifié plus tard comme étant le traumatisme de ma vie d'enfant. Je lui en suis très reconnaissante car cette révélation m'a permis de travailler cette blessure cachée. Le travail a été incroyablement douloureux et long. Je ne le recommande néanmoins pas car je ne pense pas que ce soit accessible à tout le monde. En principe, la Vie vous amène ce qui est bon pour vous, au bon moment. Mais comme le dit Fabrice Midal, il faut avoir un socle, être préparé pour en bénéficier dans les meilleures conditions.

La même année, j'ai eu l'occasion de faire une autre expérience exceptionnelle dont je ne donnerai pas les détails mais qui m'a amenée à comprendre une notion fondamentale. Je me demandais comment faire pour aimer vraiment l'autre. La question peut paraître bête. Pour autant, si vous preniez tout le temps nécessaire pour y réfléchir, sans aucune aide extérieure, je suis quasiment sûre que vous ne penseriez pas à ce que j'ai découvert en moi qui m'empêchait d'aimer vraiment l'autre : le jugement. J'ai vu combien j'étais prompte à poser des jugements sur tout et surtout sur tout le monde et j'ai compris à quel point cela me coupait de l'autre. J'ai compris que l'amour ne pouvait pas circuler quand on juge ou qu'on est jugé. J'ai compris que pour aimer l'autre vraiment, il fallait garder son cœur ouvert, poser des questions quand on ne comprenait pas son attitude. J'ai compris que si je ne pouvais pas le comprendre, je pouvais aussi aimer l'autre, à condition de ne pas faire de suppositions, de ne pas lui poser d'étiquette, de lui laisser la possibilité un jour de changer… ça, je vous recommande vivement de le tester !

le jugement

Il est un tueur invisible véritable
un briseur de cœur insatiable
Un ineffable destructeur sans cœur
Un terrible non sens pourtant présent

Ce petit mot, cette discrète pensée
Qui vient de loin instinctivement
Qui porte en elle les conditionnements
Qui répète sans cesse sans y penser

Ces mots blessants qui cassent l'amour
Ces pensées jugeantes qui brisent sans détours
Déciderons-nous enfin de les jeter
A tout jamais de nos têtes affolées

Pour réparer nos cœurs saignants
Pour nous aimer sans prendre de gants
Pour nous sortir des peurs d'antan
Pour nous cajoler enfin vraiment

Flomâgie
2020 11 28

Ce chapitre a été un réel plaisir à écrire. Partager mon expérience spirituelle est ce qui me fait le plus de bien d'une part car cela me permet de m'y reconnecter, d'autre part parce que c'est de l'amour pur qui ne peut que faire du bien à ceux qui le reçoivent. Je n'ai évidemment pas raconté la totalité de mes expériences car certaines pourraient paraître trop étranges et que le but est simplement de montrer à quel point la spiritualité est un support essentiel à notre vie au quotidien.

Certaines personnes confondent spiritualité et sens de la vie. Pour ma part, après avoir fait beaucoup de recherches sur le sujet, le sens de la vie est celui que je désire lui donner à un l'instant où je le décide mais il peut tout à fait changer dès lors que je n'en vois plus l'utilité ou le bénéfice. Et si je regarde tous les êtres vivants qui m'entourent, je doute qu'ils se posent vraiment la question. Une fleur éclot, vit, se reproduit et meurt. Pourquoi en serait-il autrement des êtres humains ?

Certains pensent que le sens de la vie est de se dépasser pour améliorer ses compétences dans divers domaines. C'est vrai que j'ai vécu toute ma vie avec cette idée mais pour autant est-ce le sens de la vie ? Je ne le crois pas non plus puisque nous finissons par ne plus en être capables dans nos vieux jours.

Certains pensent que le sens de la vie est de devenir sage. Je ne crois pas que ce soit accessible à tous même si j'aimerais beaucoup l'être, comme beaucoup d'entre nous, et que je suis très inspirée par les enseignements de certaines personnalités comme Gandhi ou le Dalaï Lama.

Quoi qu'il en soit, je pense que notre rapport à la spiritualité ne peut être qu'individuelle et ne peut pas être normalisée au risque de devenir dogmatique comme toutes les religions du monde. Ce qui me semble essentiel néanmoins, c'est d'avoir accès à l'existence de cette relation, de ce pouvoir et d'en faire la recherche donc d'y consacrer du temps et de l'énergie à un moment de sa vie. On dit souvent que c'est quand on est au pied du mur qu'on trouve les réponses, les solutions à nos problématiques. Pour autant, il me semble qu'il s'agit avant tout d'une hygiène de vie qui est là pour nous aider, nous guider au quotidien pour aller vers plus d'humanité, plus de qualité relationnelle, plus de santé mentale, d'équilibre, de paix… Qui aurait l'idée aujourd'hui de remettre en question les bienfaits de l'hygiène corporelle ?

Si nous avons tous conscience que nous sommes tous reliés, que ce que nous faisons à l'autre, nous le faisons à nous-même et vice-versa, nous serions moins centrés sur ce qui ne nous convient pas, plus ouverts aux autres, moins égoïstes, plus empathiques, moins rigides, plus tolérants, moins seuls, plus solidaires… Et ce, envers toutes les formes de vie.

Voilà ce que j'ai appris de cette rencontre avec la spiritualité et que je tente tous les jours de mettre en pratique, avec plus ou moins de succès, c'est vrai. Mais c'est le chemin qui compte, pas la destination.

15. Famille

Le sujet est pointilleux. Je ne veux froisser personne. Je vais tenter d'exprimer mon point de vue, mon vécu, mes ressentis comme toujours en prenant soin de vous, mes proches... Certains de ces textes ont déjà été lus par certaines personnes de la famille sans recevoir un accueil marquant ni positif ni négatif.

Je vous rappelle que je suis le mouton noir de la famille et donc que ma parole n'a jamais eu beaucoup de valeur aux yeux de certaines personnes. Mon but n'est pas de me faire passer pour une victime car comme je l'ai déjà dit, j'ai ma part de responsabilité consciente et inconsciente dans cette situation, au même titre que chacun, chacune d'entre nous. Je sais que je m'expose au risque de me voir encore rejetée. C'est fou le courage qu'il me faut pour aller au-delà, en toute conscience. Je ne sais pas si vous comprenez bien que c'est tout le contraire de l'insouciance, de la fougue, de la rage, de la bêtise même dont je pouvais faire preuve quand j'étais plus jeune. Je vous fais confiance pour accueillir ces mots et surtout en saisir l'essence, le sens profond, le vœu fondamental qui est celui de la réconciliation, de la compréhension, de l'union…

Je commence donc ce chapitre par une prière :

Seigneur, je m'abandonne à toi pour le meilleur et pour le pire, oui pour le pire aussi car j'ai totalement confiance en toi et que je sais qu'il est inutile de lutter contre le mal ou de l'écarter. Il fait autant partie de la vie que le bien et même s'il est désagréable, il doit être accepté pour être traversé et savourer le goût de la paix et de l'amour...

Seigneur, je remets entre tes mains toute ma vie car ton pouvoir est bien plus grand que le mien et que je l'accepte aussi au plus profond de mon âme en totale confiance même si les expériences que j'ai vécues ont été souvent douloureuses. J'ai appris à chaque fois et évolué vers plus de sagesse, de compréhension, de compassion et de douceur...

Seigneur, je te remercie d'être là à mes cotés même si je ne comprends pas toujours pourquoi je souffre ni quoi faire dans certaines situations. J'accepte de me laisser guider et de lâcher mes peurs, mes colères et ma tristesse pour espérer trouver l'harmonie, la joie et l'enthousiasme à partager avec d'autres...

Seigneur, je te rends grâce parce que tu m'as déjà sauvée tant de fois. Tu m'as prouvé tant de fois que tu ne m'abandonnerais pas, même au dernier souffle. Et tu sais que j'ai tenu ma promesse de toujours témoigner de ma foi quand l'occasion s'est présentée.

Seigneur, tu sais combien mon cœur souffre et tout ce que je fais pour le soulager. Tu es le seul à vraiment me connaître et m'aimer telle que je suis, avec tous mes défauts, mes incompétences, mes failles, mes parts sombres... Tu es le seul qui me pardonne vraiment toutes mes erreurs, même quand je ne crois plus en toi...

Seigneur, comme chaque jour ou presque, je te demande de me donner la force de continuer à supporter cette vie si rude, de me guérir de cette maladie si invalidante et de me rendre l'affection et la tendresse de mes fils et petits-fils si précieux dans mon cœur...

Seigneur, je te demande de les protéger et les aimer autant que mon âme les aime, c'est-à-dire au delà de l'infini...

Seigneur, je te demande de délivrer notre famille de cette malédiction de la séparation définitivement pour que l'union, la solidarité, l'amour et la joie circulent à nouveau librement et infiniment...

Merci Seigneur, merci infiniment pour ta bonté et ta générosité, ta compassion et ta présence infaillible...

Que ta volonté soit faite sur la Terre et dans le Ciel, pour les siècles des siècles, amen.

Comme je vous le disais dans le chapitre précédent, il m'arrive de prier, y compris à l'écrit car je crois en la force des intentions pures de notre cœur. Même si la fin ressemble à ce que la religion enseigne et pratique, je vous rappelle qu'une seule religion compte pour moi, c'est celle de l'amour. L'amour, le vrai, n'a rien à voir avec ce que l'on croit. J'ai pensé longtemps que j'aimais vraiment les autres, notamment mes conjoints, alors que je n'étais que dans la recherche de combler le manque, le vide immense qui était en moi...

La famille est le lieu de tous les apprentissages. Nous sommes la seule espèce animale qui garde ses petits aussi longtemps au sein de la cellule familiale. C'est à la fois impressionnant et à la fois, cela montre à quel point, nous sommes des êtres fragiles qui ne pourraient pas survivre en pleine nature, seuls, comme tant d'autres espèces aussi minuscules ou grandes soient-elles. Nous sommes donc des êtres de liens plus que toutes les autres espèces. Mais que faisons nous de ces liens ? Ou plutôt, comment avons nous fait pour en arriver à avoir des liens d'aussi mauvaise qualité que c'est le cas dans beaucoup de familles, partout sur la planète ? Quoi qu'il en soit au niveau sociétal, au niveau individuel, nous pouvons tous agir pour de meilleures relations. C'est mon vœu le plus cher, en tous cas.

Avant d'aller plus loin, je voudrais rappeler que mes parents m'ont sauvée plusieurs fois et notamment mon père qui n'est pas un grand bavard mais qui a su être là quand il le fallait. Je repense au jour où il m'a téléphoné juste après ma TS alors que mes parents ne m'appelaient jamais pour prendre des nouvelles (par convention). Par la force des choses, mes parents ont accueilli Kevin chez eux pendant les 5 semaines d'hospitalisation puis ils m'ont recueillie. Je repense à son aide financière pour m'aider à m'équiper en meubles et pour trouver un appartement suite à ma séparation avec le père de Kevin. Je repense aux travaux réalisés dans l'appartement pris en urgence après la séparation d'avec le père de Gaël. Je repense aux moments où ils ont gardé mes enfants et à tous ces moments difficiles que j'ai pu traverser grâce à leur aide matérielle précieuse et je ne pourrai jamais les remercier assez pour tout ce qu'ils ont fait et font encore pour moi. Ma reconnaissance est infinie et mérite d'être signalée haut et fort ici pour que personne ne pense jamais que j'ai pu à un moment ou un autre être ingrate vis-à-vis d'eux. Ce qui ne veut pas dire pour autant qu'ils sont parfaits et que je n'ai pas le droit de dire ce qui a été douloureux pour moi dans nos relations.

La famille

La famille
Ta source
Bonne ou mauvaise
Bonne ET mauvaise

La famille
Ton cœur
Solide ou déchiré
Fort ET faible

La famille
Ton histoire
Singulière ou mystérieuse
Stable ET instable

La famille
Ta création
Étonnante ou limitante
Puissante ET épuisante

La famille
Ton avenir
Vibrant ou volant
Rêveur et voyageur

La famille
Ta structure
D'hier vers demain
Remplie de toutes ces mains
Glaçantes ET chaleureuses

Floésie
2023 03 01

Famille disloquée

*Famille disloquée, dysfonctionnelle... depuis la nuit des temps...
Comme une pièce de théâtre, les mêmes scènes se répètent sans cesse...*

*Qui brisera les chaînes de cette malédiction ?
Qui réussira enfin à réparer cette famille souffrante ?
Qui lui redonnera le goût de s'aimer, de se choyer ?*

*Qui lui permettra d'exprimer sa force et sa puissance ?
Qui lui redonnera ses lettres de noblesse ?
Qui la portera comme un étendard fièrement ?*

*Que sommes nous chacun de notre côté, perdus, isolés ?
Que croyons nous trouver dans notre vérité individuelle ?
D'où venons nous et où allons nous ?*

*Que voulons nous transmettre à nos descendants ?
Qu'espérons nous vivre dans nos vieux jours ?
Que faisons nous de nos souvenirs d'enfance, de nos liens indestructibles ?*

2022 12 04

Indestructible ? Vraiment ? Quand j'ai commencé à faire mon arbre généalogique il y a quelques années, je me suis aperçue que je ne connaissais pas grand monde en réalité. Nous (mes sœurs et moi) n'avons jamais connu notre oncle Robert, le frère de notre mère, ni sa femme, ni son fils. Nous avons très peu fréquenté nos deux autres oncles ni nos deux cousins et notre cousine du coté de notre père. La dernière grande réunion de famille dont je me souvienne était pour les soixante dix ans de mon père, voilà donc une douzaine d'années. Je n'ai plus vu mes nièces Meryl et Nell depuis tant d'années que je n'arrive plus à me souvenir quand précisément. Mes deux autres nièces Jeanne et Louise habitent si loin que je n'ai des nouvelles que par ma sœur Lucie quand on s'appelle.

L'éloignement géographique est un gros handicap dans le maintien des relations familiales. Certaines familles font des cousinades régulièrement pour lutter contre mais la proximité est bien le seul moyen d'entretenir vraiment les liens. Sans être les uns chez les autres tous les jours, ni se mêler de la vie des uns des autres, il est fondamental de se voir régulièrement. Voilà pourquoi, je vais voir mes parents tous les deux mois environ. Je reste chez eux pendant trois jours généralement et c'est seulement de cette façon que je peux me rendre compte de leur état de santé, tout comme eux du mien d'ailleurs. Nous en profitons pour nous régaler avec les bons petits plats que maman aime faire et nous jouons ou sortons un peu. Parfois si j'ai la force je donne un coup de main au jardin ou à régler quelques soucis informatiques. Tout cela semble bien anodin mais c'est tellement important pour maintenir des liens de qualité.

Une famille

*Je rêve d'une famille
Une vraie, une gentille
Une douce, une complice
Une forte comme une bise
Sur un blason, soudée
Généreuse et respectueuse
Aimante et attentionnée
Une famille chaleureuse*

La mienne n'est pas parfaite,
On ne se dit pas beaucoup
On ne fait pas souvent la fête
On se prend parfois des coups

La mienne n'est pas parfaite
On se fâche pour des détails
On se dit des mots pas chouettes
Souvent pour rien, on se chamaille

Je rêve d'une vraie famille
Où un souci n'en est plus un
Où un sourire est une jonquille
Où nous ne ferions plus qu'un

Je rêve d'une vraie famille
Où on se dit tout en rime
Où on se sent comme une charmille
Bien à sa place dans son patronyme

Je rêve d'une famille
Mais j'en ai une
Tandis que d'autres
N'en ont pas...

2023 06 30

Famille rêvée

Dans ma famille idéale, l'amour coulerait comme une rivière de miel

Les cœurs se parleraient comme les oiseaux chantent
Les soutiens se donneraient comme les parfums des fleurs

Dans ma famille idéale, l'harmonie régnerait comme dans une forêt primaire
Les mots couleraient comme une pluie bienfaitrice
Les câlins ressembleraient au lierre sur les arbres
Les bobos cicatriseraient sous les soins des onguents régénérants

Dans ma famille idéale, la cohésion serait animale, fondamentale
Les forts soutiendraient les faibles
Les anciens enseigneraient aux jeunes
La sécurité et la chaleur seraient dans les terriers et les fourrures
Les cadeaux seraient des fruits sauvages goûtus et généreux

Dans ma famille idéale, ordinaire et solidaire
On serait comme une fourmilière, soudés et fiers !

Floésie
2022 12 12

Le samedi en famille

Le samedi en famille qui frétille
De mille rires et bonnes nouvelles
Les retrouvailles qui égayent en grand
Les yeux qui parlent avec les cœurs

Le concentré de bonheur en barre
Qui réunit les amours puissants
Au delà du sang et des erreurs
Au delà des épreuves indescriptibles

La force du moment présent fixé
Dans l'infini des heures en suspens
La force de l'amour à l'état pur
Qui offre le cadeau de nouvelles Vies

L'émotion devient la reine de ce jour
Inoubliablement marqué au fer rouge
D'une nouvelle génération d'amour
Soudée à jamais pour l'éternité

Flomie
2020 08 16

Jamais demandé, jamais attendu, jamais espéré, jamais voulu, jamais réclamé qu'on s'occupe de moi, qu'on prenne soin de moi, qu'on me demande de mes nouvelles, qu'on fasse des choses pour moi, qu'on ait des attentions pour moi.
À présent que je me respecte, que je m'aime, que je suis à nouveau vivante et sensible, que je ne suis plus sous anesthésie, que j'ai failli mourir une fois de plus, je ne vois que du silence, que des maladresses, que des indifférences, que des manques de respect à mon encontre. C'est douloureux.
Je me rends compte de tout ce que j'ai laissé faire jusqu'à présent de la part de mon entourage. Je me rends compte à quel point tout cela était injuste pour moi et aussi que cela venait de moi, pour moitié au moins.
Souvent, je me dis que j'exagère, que ce n'est pas volontaire, que ce n'est pas grave, bref je minimise encore pour éviter de rendre l'autre responsable de ma peine.
Mais elle existe bien et même si j'en suis responsable, l'autre a aussi sa part de responsabilité.

…/…
2022 12 26

Après avoir passé des décennies à fuir les situations douloureuses, les conflits, les confrontations stériles, les crises qui n'aboutissent jamais à l'apaisement, la compréhension, la complicité, la tendresse, l'amour véritable,

Après avoir fait le travail de reconstruction seule ou aidée,

Après avoir compris tant de choses sur moi et sur la nature humaine,

Après avoir tenté de renouer le contact verbalement plusieurs fois sans succès,

Après avoir tant souffert jusqu'à faillir en mourir plusieurs fois même récemment,

Après avoir accepté qu'on ne peut jamais se défaire totalement de son histoire, de ses racines,

J'aimerais maintenant tenter de faire comprendre à mes proches que ce manque d'attention, de reconnaissance me touche, me blesse, m'affecte sans pour autant les culpabiliser bien sûr. Je voudrais juste qu'ils comprennent que j'ai besoin de leur présence, de leur soutien, de leurs pensées, de leur tendresse. Mais est-ce un rêve ou un objectif réalisable ?

Je crains qu'ils prennent cela pour un appel à l'aide, qu'ils s'en sentent gênés, dérangés, perturbés. Je crains de les déranger dans leur quotidien, leurs problématiques déjà sans doute si difficiles à gérer. Je crains d'échouer encore, une fois de plus dans mes tentatives maladroites. Je crains de leur demander quelque chose qu'ils ne peuvent ou ne veulent pas me donner. Je crains d'être rejetée avec mes idées farfelues. Je crains d'être mal jugée, mal comprise, une fois de plus. Je crains, je crains, je crains…

Alors je relis cette citation de Rûmi

« Tu supposes être le problème alors qu'en fait tu es le remède.
Tu penses être le verrou sur la porte mais en réalité, tu es la clé qui l'ouvre.
Comme il est dommage que tu veuilles être quelqu'un d'autre.
Tu ne vois pas ton vrai visage, ta vraie beauté qui anime ton cœur.
Pourtant aucun visage n'est plus beau que le tien.
Ton sourire est une poésie et tes yeux sont l'encre et la plume. »

Alors si mes yeux sont bien l'encre et la plume, je dois dire, écrire pour réparer ces liens abîmés depuis si longtemps…

Me taire ?

Mais comment voulez-vous que je me taise ?!
Mais pourquoi voulez-vous que je me taise ?!

Suis-je si dérangeante avec mes vérités ?
Suis-je si perturbante avec ma lucidité ?

Où avez-vous rangé votre courage pour n'être pas capables de m'écouter ?
Où avez-vous caché votre intégrité pour vouloir enterrer tous les soucis ?

Croyez-vous que d'en parler va les faire grossir ?
Croyez-vous que de les ignorer va les faire disparaître ?

Cessez donc de les taire pour voir s'ils ne pourraient pas trouver de solution !
Cessez de vous cacher derrière de faux semblants pour enfin tenter de les régler !

Sortez vos idées préconçues, vos croyances, vos certitudes !
Lavez les au karcher et voyez ce qu'il en reste !
Quand vos sentiments et vos ressentis seront propres, partagez les !
N'attendez pas de miracle mais exprimez et écoutez les besoins derrière les mots.

Enfin voyez comment vous pouvez vous connecter à l'autre...
Enfin voyez et faites le !

2023 08 19

Se connecter, c'est laisser la place à l'autre, un instant tout au moins… Merci de me lire, de vous connecter à moi puisque vous êtes encore là.

J'ai dû faire une pause d'une dizaine de jours. Écrire chamboule, ravive le passé, nécessite de faire le point sur ses émotions. La colère est revenue. J'ai dû l'écouter, la calmer, encore une fois. Mon idée dans ce chapitre était de parler de ma relation avec chacun de mes proches. Au final, je ne sais plus trop si c'est une bonne idée. Ma blessure de rejet me pousse toujours à vouloir éviter la confrontation, comme je vous l'ai déjà dit. Le souci c'est que ça contribue à l'effet cocotte minute et que ça m'amène à me rejeter moi-même et donc à me condamner à souffrir encore et encore. Voyez-vous le cercle vicieux ? Qui aimerait se sentir prisonnier, se savoir condamné à souffrir à vie ?

On a beau se répéter des phrases positives pour maintenir l'espoir de libération, si on ne change rien à notre façon de faire, la situation ne changera pas. L'espoir n'est pas une solution. C'est même tout l'inverse. L'espoir nous maintient dans un état d'attentisme et quand on se rend compte que rien n'arrive et n'arrivera jamais, on tombe dans le désespoir, c'est à dire la dépression dans mon cas. Ce livre est un cri d'espoir et de désespoir mêlés. Il a pour fonction aussi de faire changer les choses, de faire en sorte que l'on me regarde différemment, que l'on m'écoute, que l'on prenne en considération ma parole, que l'on me respecte enfin, que l'on me rende ma dignité, que l'on saisisse toute l'intensité d'amour qui se trouve au fond de mon cœur, de mon âme.

Mais qu'est-ce donc que l'amour, au fait ?

L'amour

L'amour n'est pas un concept
L'amour n'est pas un nouveau sujet à la mode
L'amour est vieux comme le monde

L'amour n'est pas toujours facile à vivre
L'amour ne rend pas toujours heureux ou joyeux
L'amour n'est pas un jeu

L'amour n'a pas une seule forme
L'amour n'est pas une destination
L'amour est un chemin à inventer chaque jour

L'amour est insaisissable, indomptable
L'amour est parfois difficile d'accès
l'amour n'est pas une évidence

L'amour n'est pas monnayable, quantifiable, remboursable
L'amour n'est pas une obligation, une contrainte
L'amour peut mourir et (re)naître
L'amour n'est pas une romance

L'amour est une énergie puissante
L'amour est capable de transformer
L'amour est capable de guérison
L'amour est créateur de paix

L'amour est le souffle de la vie
L'amour est au-delà du jugement
L'amour est la musique qui relie les cœurs et les âmes

L'amour est simple et complexe à la fois
L'amour peut et sait dire stop
L'amour n'est pas une mièvrerie

L'amour peut être dérangeant, déstabilisant, perturbant
L'amour n'est pas un long fleuve tranquille

L'amour se convoque mais ne se soumet pas
L'amour s'appelle mais ne se présente pas toujours
L'amour se cultive mais ne s'invente pas

L'amour est libre comme l'air et l'oiseau
L'amour ouvre les portes de la confiance
L'amour ne brille pas mais fait briller

L'amour peut être mal aimé, mal pratiqué, mal compris
L'amour ne ment pas, ne triche pas, ne manipule pas
L'amour ne s'utilise pas et n'utilise pas

L'amour rend fort, courageux, vaillant
L'amour rend bon, doux, généreux
L'amour rend attentionné, respectueux, digne, créatif

L'amour peut se cacher dans un silence, une absence
L'amour peut se nicher dans un signe insignifiant
L'amour n'a pas de règles, il peut aussi être rugueux

L'amour est un mystère précieux à respecter immensément
L'amour est un temple plein de secrets et de trésors à découvrir

L'amour est en chacun de nous
Explorons le patiemment...

Flomâgie
2022 08 27

L'amour concret

La dépendance n'est pas de l'amour
L'habitude n'est pas de l'amour
L'attachement n'est pas de l'amour
Les théories sur l'amour ne sont pas de l'amour

La peur de perdre l'autre n'est pas de l'amour
La peur des conséquences d'une séparation
n'est pas de l'amour
La peur de se retrouver seul n'est pas de l'amour

Avoir besoin de l'autre n'est pas de l'amour
Croire qu'on ne peut pas vivre sans l'autre n'est pas de l'amour
Être tout le temps collé à l'autre n'est pas de l'amour

Sauver les apparences n'est pas de l'amour
Crier et faire des reproches n'est pas de l'amour
Ne pas faire d'efforts pour l'autre n'est pas de l'amour

Harceler l'autre n'est pas de l'amour
Lui mettre la pression n'est pas de l'amour
Le manipuler au nom de l'amour n'est pas de l'amour
****
Prendre soin de la relation est de l'amour
Veiller à maintenir une ambiance chaleureuse au quotidien
est de l'amour
Faire passer le bonheur de l'autre avant le sien
est de l'amour
♡♡♡
Regarder ensemble dans la même direction
est de l'amour
Soutenir l'autre dans les moments difficiles est de l'amour
Guider ou se laisser guider patiemment est de l'amour
♡♡♡

Faire confiance à la vie est de l'amour
Lâcher prise et ouvrir son cœur
est de l'amour
Se remplir de joie, de paix et d'harmonie
est de l'amour
♡♡♡
Créer la beauté est de l'amour
Pardonner en câlinant est de l'amour
Accompagner, évoluer, se dépasser est de l'amour

2022 07 20

Au fil de l'amour

Quand de l'amour tu n'as rien connu
Tout construire tu devras
Guidée par ton intuition
Sans même savoir son nom

Des années durant rien tu ne comprendras
Le mal, la haine et les manipulations
De ports en ports tu erreras
Croyant toujours que tu as trouvé
Le lieu de ta joie et de ta paix
En des êtres vils ou ignorants

L'amour sera ton fil
Te traînant dans les méandres du labyrinthe de Pothos et d'Eros
Te faisant découvrir Eunoia pour élever tes enfants
T'offrant la chance de connaître Philia dans tes amitiés sincères

Et puis t'apportant Agapè sur un plateau d'argent
Le plus grand le plus puissant
Celui que tu cherchais sans le savoir
Venu remplir le corps le cœur et l'esprit sans égal...
Quel régal !
Amour inconditionnel si riche et si vaste
Enfin intégré dans ton quotidien au fil des épreuves

À présent, il est temps de réaliser le vœu du mystérieux amour conscient...

Quel chemin parcouru au fil de l'amour de soi
Que de joies et désillusions vécues au plus profond de moi

Que d'éclairages si puissants et si précieux
Merci la Vie ! Merci l'amour !

2020 07 25

Me croirez-vous si je vous dis que j'ai pris des leçons d'amour en regardant les films à l'eau de rose ? Sans doute que beaucoup d'entre-nous ont fait cela sans même s'en rendre compte. C'est affligeant ! La romance est un joli rêve qui ne supporte pas la confrontation au réel. Si on nous expliquait vraiment ce qu'est l'amour, ou plutôt si on nous le montrait par l'exemple, on ne tomberait pas dans les pièges stupides de la violence conjugale et des séparations à répétition. S'il y a une chose que je regrette par dessus tout c'est de ne pas avoir su ça avant pour tenter d'épargner beaucoup de soucis à mes propres enfants. Malheureusement, on fait tous avec ce qu'on a reçu. Comme dit la chanson :

« On choisit pas ses parents
On choisit pas sa famille
On choisit pas non plus
Les trottoirs de Manille
De Paris ou d'Alger
Pour apprendre à marcher
Être né quelque part
Pour celui qui est né
C'est toujours un hasard .../... »

C'est un hasard qui laisse des empreintes plus ou moins sympas, plus ou moins glauques. Les empreintes de notre famille, j'ai mis très longtemps à les décrypter, les comprendre, les accepter. Le traumatisme me bloquait.

Cependant, j'ai fait de mon mieux pour éviter de reproduire ce qui m'avait fait souffrir.

Quelle mère

Quelle mère se questionne vraiment
Sur son désir d'enfant
Sur ses choix éducatifs
Sur son inconscient à l'œuvre

Quelle mère explore le champ des possibles
Dans sa relation à son enfant
Dans les valeurs qu'elle lui transmet
Dans les armes qu'elle lui donne

Quelle mère se remet en question
Dans ses choix de vie
Dans ses priorités subies
Dans ses ordres établis

Quelle mère observe avant d'agir
Se met à la place de son enfant
Imagine les conséquences de ses actes
Privilégie l'autonomie à la dépendance

Quelle mère rivalise de créativité
Pour montrer le bon côté des choses
Pour permettre à son enfant d'aimer la vie
Pour jouer et apprendre en même temps

Quelle mère lutte contre elle-même
Pour éviter de transmettre ses peurs
Pour offrir la liberté indispensable
Pour fuir la répétition délétère

Quelle mère donne ce qu'elle n'a pas reçu
Comme les encouragements, l'affection, la tendresse
Comme la compréhension, la patience, le droit à l'erreur
Comme la fierté, l'attention, le soutien inconditionnel

Quelle mère s'investit totalement
Dans son rôle de mère
Et même celui de père en son absence
Sans le regretter une seconde

Quelle mère comprend l'incompréhensible
L'ingratitude, l'injustice, la trahison
De son enfant devenu adulte
Qui croit tout savoir mieux qu'elle

Quelle mère ?
Sans doute beaucoup
Mais pas sans douleur
Et malheureusement dans la solitude...

2024 05 27

C'est fou quand même qu'on puisse prendre des cours d'anglais, de musique, de yoga ou que sais-je mais que l'on ne puisse pas être accompagné dans son rôle de parent. A part quelques livres de Laurence Pernoult ou de Françoise Dolto, à mon époque, on ne trouvait pas beaucoup de soutien de la part de spécialistes de l'enfance, tout simplement parce qu'autrefois, la transmission se faisait uniquement de générations en générations… Mais il faut savoir que globalement, l'enfant n'était pas considéré comme un être humain à part entière ! On vient de loin, de très loin, même ! Sans parler des deux guerres mondiales qui ont fait des ravages, sans parler de l'alcoolisme, sans parler des viols, de l'inceste, sans parler de toutes sortes d'autres violences psychologiques et physiques dont on ose encore pas dévoiler l'ampleur tellement c'est monstrueux.

Depuis le mouvement « Mee Too », le voile se lève et c'est tant mieux ! Tous ces secrets et ces non-dits qui pourrissent des générations entières sont en train enfin d'être dévoilés et donc de libérer toute la culpabilité, la tristesse, le malheur qu'ils véhiculent inconsciemment, évitant surtout de faire le lit de la violence à venir. La violence a mille visages, de la fessée à l'indifférence, de la critique acerbe à l'absence de soutien… Il m'a fallu très longtemps pour intégrer l'idée que l'absence d'attention est une maltraitance. Quelle qu'en soit la raison, elle a des conséquences importantes sur l'estime de soi, sur ce que l'on juge normal ou non. Quand on a connu que le bleu comme couleur de l'amour, on ne recherche que le bleu, même si ce bleu est le résultat des coups. Oui, c'est violent et pourtant c'est la réalité. Rien ne sert de se voiler la face. Toutes mes recherches sur les violences faites aux femmes et celles durant l'enfance m'ont amenée à ce constat. Le cerveau recherche toujours à reproduire ce qu'il connaît déjà, ce fainéant…

A défaut de pouvoir se protéger soi-même, la loi vient à notre secours. Même imparfaite et difficilement applicable et appliquée, elle éclaire sur la définition de la maltraitance et c'est déjà beaucoup.

Avec la loi n° 2022-140 du 7 février 2022 relative à la protection des enfants publiée au Journal officiel du 8 février, la définition consensuelle de la maltraitance fait son entrée au Code de l'action sociale et des familles (Casf). Cette loi « Taquet » reprend donc mot pour mot à son article 23 la définition élaborée dans le cadre de la Commission de promotion de la bientraitance et de lutte contre la maltraitance (*) à savoir :

*La maltraitance au sens du présent code vise toute personne en situation de vulnérabilité lorsqu'un geste, une parole, une action ou un **défaut d'action** compromet ou porte atteinte à son développement, à ses droits, à ses besoins fondamentaux ou à sa santé et que cette atteinte intervient dans une relation de confiance, de dépendance, de soin ou d'accompagnement. Les situations de maltraitance peuvent être ponctuelles ou durables, intentionnelles ou non. Leur origine peut être individuelle, collective ou institutionnelle. Les violences et les négligences peuvent revêtir des formes multiples et associées au sein de ces situations.*

Je me dois de préciser ici que je n'accuse pas mes parents de maltraitance mais que j'avais un tel besoin de tendresse, d'affection, d'attention, etc. à cause du traumatisme de la perte de mon grand-père, que mes parents n'étaient pas en mesure de me donner pour de multiples raisons qui sont communes à bien des parents de cette époque (faute de temps, de compréhension de la situation, de répétition de ce qu'on a reçu inconsciemment, etc.), j'ai donc vécu ce manque, ce défaut d'action comme un deuxième traumatisme. Il ne s'agit évidemment pas de culpabiliser qui que ce soit ! Chacun fait ce qu'il peut avec les moyens dont il dispose à un moment donné.

Dans toutes les familles, il y a des loyautés qui déforment les liens, les rendent plus ou moins bénéfiques pour nos relations à venir. Quand ma mère nous disait que si nous demandions quelque chose, on n'obtiendrait rien, cela nous apprenait à ne pas exprimer nos besoins, nos désirs. Je ne sais pas si elle le faisait par reproduction de l'éducation reçue ou parce qu'elle ne savait ou ne voulait pas dire non ou parce qu'elle pensait que c'était une bonne façon de nous apprendre à vivre. Je sais par contre que pendant plus de la moitié de ma vie, je n'ai pas su demander quand j'avais besoin ou envie de quelque chose d'important. C'est ennuyeux. Et puis je me suis aperçue au cours de mes échanges que la question du don et du recevoir n'était pas si évidente au fond…

Donner n'est pas si simple finalement...
Comme si j'avais peur que ce que je donne ne soit pas apprécié à sa juste valeur !
Comme si je croyais que ce que je donne n'a aucun effet sur l'autre et sur la relation...
Comme si ce que je donne n'avait aucune valeur...
Comme si ce don me contraignait dans une relation, m'engageait plus que de raison, plus que je ne me sens capable de gérer...
Donner et recevoir sont bien au cœur de la relation... de la relation à soi... de la relation à l'autre...
Recevoir n'est pas si simple non plus...
Recevoir et se sentir redevable...
Recevoir et avoir peur que l'autre attende quelque chose que l'on est pas capable de lui donner en échange...
Recevoir et oublier de rendre... et ne pas comprendre la réaction de l'autre quand il est vexé...
Recevoir et remercier à sa juste valeur aussi...
Être handicapée du donner et recevoir depuis si longtemps...
Le sommes nous tous au fond ?
2019 06 22

Tout le monde sait intuitivement que c'est la famille qui nous transmet une bonne part de nos valeurs. Je vous avoue que j'ai vraiment eu du mal à savoir ce qui m'avait été transmis. J'étais tellement paumée que j'ai eu l'impression de me construire quasiment toute seule. Le lien qui était le plus joyeux pour moi était celui avec mes sœurs. Je les aimais très fort et me sentait responsable d'elles. Cela a fini par abîmer nos relations à l'âge adulte. Je me souviens quand Clara m'avait fait « sa crise d'adolescence » parce qu'elle voulait emporter de l'alcool pendant notre voyage à Biarritz. Je me souviens aussi quand je donnais des conseils de couple à Lucie qui m'avait renvoyée sur les roses en me rappelant mes exploits dans le domaine. Je me souviens la fois où nous nous sommes littéralement crêpé le chignon avec Emmanuelle parce qu'elle n'appréciait pas que je vienne les voir trop souvent. Évidemment, elles avaient raison de s'émanciper et de me faire comprendre leur besoin d'autonomie. Je n'ai jamais cessé de les aimer pour autant. Mais quand on ne sait pas communiquer, on finit par ne plus pouvoir se dire qu'on s'aime… C'est tellement triste. On répète sans le vouloir ce qui se joue depuis des générations, malgré nous, inconsciemment…

Seigneur, permets nous de nous retrouver, de nous aimer, de nous pardonner.
Depuis des décennies, des siècles dans notre famille il y a des ruptures. Mon arrière grand-père qui a fui sa famille de vignerons en Italie pour pouvoir vivre avec sa femme qui était orpheline et donc pas digne d'épouser un fils de bonne famille.

Puis mon grand-père Charles qui a fui sa famille qui avait émigré en Algérie, en s'engageant dans l'armée pour venir vivre en France, à Avignon. Il a rencontré sa femme à Thiers qui était fille unique,

sans doute violentée par son père alcoolique. C'était ma grand-mère Aline qui a maltraité ma mère et que je soupçonne fort d'avoir commis des actes innommables dont je ressens la trace dans mon corps depuis la naissance de mon fils Kevin.
Mon oncle, Robert a, à son tour coupé les ponts avec sa famille quand mon grand-père, son père Charles est mort en 1975. Il avait un fils, mort à 60 ans. Je ne les ai pas connus.

Moi aussi j'ai coupé les liens pendant deux ans quand je suis partie à Paris pour fuir ma famille. Et puis j'ai dû couper les liens aussi avec le père de Kevin parce que c'était trop douloureux pour Kevin de ne pas le voir régulièrement.Et puis j'ai aussi dû couper les liens avec le père de Gaël qui était violent, schizophrène, dangereux.

Et puis j'ai dû couper les liens avec tant d'autres hommes dans ma vie... Pascal qui était pourtant comme un père pour Kevin... et Michel qui a coupé les ponts avec moi en 2015, brusquement sans raisons officielles... Et tous les autres, tant d'autres...
Toutes ces ruptures successives ont été affreusement douloureuses !

Et puis ma sœur Emmanuelle qui a eu une relation avec mon premier compagnon officiel, présenté à ma famille... Une trahison qui a rendu nos relations très difficiles jusqu'à devenir impossibles malgré le pardon que je lui avais accordé...

Et puis ma sœur Clara qui a coupé les liens avec moi, sans raisons depuis 2017, après sa venue sur mon terrain...

Et puis peu après la naissance de mes petits fils, il y a eu cette crise terrible avec ma belle-fille en 2021 qui m'a coupée de Gaël pendant des mois...

Et en parallèle, c'est Kevin qui a coupé le lien avec moi depuis plus bientôt deux, dans des conditions horribles, sous l'influence de sa nouvelle compagne.
Et ne plus voir mon petit-fils non plus depuis septembre 2022, suite à son « enlèvement » par sa mère alors que je m'occupais de lui depuis 3 mois à Le Thor.

Tout ça est affreusement douloureux !

Je t'en supplie, Seigneur, libère-nous, libère notre famille de cette malédiction terrible qui nous fait tant souffrir, de ces abandons à répétition.

Je t'en prie, Seigneur libère-nous, réunis nous, permets nous de nous pardonner, de nous retrouver, de nous aimer, je t'en supplie !

Peut-être que ce paysage de désolation ne vous semblera pas si grave, pas si surprenant, pas si anormal... Je vous invite à faire une pause, dans ce cas. Prenez le temps de vous demander pourquoi ? Avez-vous intégré ces abandons à répétition comme un phénomène absolument normal et habituel pour tout le monde, comme je le croyais ? Que penser dans cette hypothèse, des personnes qui ne vivent pas cela dans leur famille ? Bien sûr, ce n'est pas facile de savoir ce qui se passe dans les familles, car ces questions ne sont pas étudiées par les sociologues. La cellule familiale est le lieu de toutes les dérives relationnelles, on le sait bien. Mais j'aime à croire que ce n'est pas le cas dans toutes et même j'ose espérer que la plupart fonctionnent bien. Ne me demandez pas pourquoi. Mon côté optimiste, idéaliste sans doute. On pense toujours que l'herbe est plus verte ailleurs, étrange non ? Parfois, c'est vrai, parfois, cela nous rassure de penser le contraire. La vérité est sans doute dans un peu des deux versions. Quand je reviens en arrière, je me souviens de ma première belle famille. Cette famille algérienne qui m'a accueillie comme une reine et que j'ai vue tellement soudée, unie même si je ne comprenais évidemment pas tous les échanges… Peut-être que je l'ai idéalisée. On ne peut pas nier que dans les pays pauvres, la famille a gardé une importance capitale. Comme un rempart à la misère, à la maladie et aux accidents de la vie, la solidarité familiale est intégrée comme étant le socle de la société.

Sans besoin d'organisation stricte, elle nourrit les besoins avant même leur expression. Je l'ai vu à l'œuvre tant de fois dans ma vie chaotique. Mes parents ont toujours été là pour m'aider financièrement, matériellement. C'est un fait absolument indiscutable et fondamental qui m'a sauvé la vie, notamment ces dernières années. Je leur en serai donc éternellement reconnaissante comme je l'ai déjà dit. En effet, comment peut-on vivre avec moins de 800€ par mois, allocations logement comprises ? C'est déjà quasi impossible pour une personne lambda, mais quand on a presque 200€ de frais de santé mensuel, je vous laisse imaginer…

Ce soutien est à la fois une grande chance et un poids car j'ai été élevée et j'ai toujours voulu être autonome, subvenir à mes besoins. Or, même en sachant que je ne PEUX pas, je ne parviens pas à ne pas en avoir honte, au fond de moi. Même en ayant fait tout le nécessaire pour que la société reconnaisse mon handicap et pallie en m'allouant une allocation, je n'y suis pas parvenue. Cette injustice infecte me pourrit de l'intérieur.

Dans toutes les familles, la question de l'argent et de l'autonomie est en jeu. Dans toutes les familles, l'argent est un moyen d'exprimer son amour ou son désamour. Toute la question est de savoir si cette relation est saine ou non. Comment se sent-on quand on nous donne de l'argent ? Généralement, on se sent redevable. On devient débiteur, inférieur et par le fait, on a tendance à accepter des choses pas très sympas en échange. L'argent donné est presque toujours un moyen d'exercer son pouvoir sur l'autre, consciemment ou inconsciemment. Pas (ou plus) pour mon père. Ma relation à l'argent a été plutôt une sorte de déni. Pas matérialiste pour deux sous, je n'avais aucune envie de posséder quoi que ce soit. Et donc, la vie m'a « donné » l'argent dont j'avais besoin pour vivre, sans plus. J'ai passé mon temps à trouver des solutions de recyclage, d'entraide, de dons, d'échanges, de bricolages assez tôt dans ma vie au point de créer le « système d'échanges local » de Clermont-Ferrand en 1998. Acheter neuf est devenu de plus en plus rare, au fil du temps, sans même que je m'en aperçoive. Comme je disais à mes enfants petits : « Nous ne sommes pas pauvres car nous avons un toit sur la tête, de quoi manger dans l'assiette, de quoi nous habiller, nous chauffer et être heureux avec plein de câlins. » Les allocations m'ont permis cela, j'en suis totalement consciente.

Mais voilà, comment feraient, feront mes enfants s'ils ont besoin d'aide ? Cette situation est vraiment délicate car ils savent que je n'ai pas les moyens de leur venir en aide alors que la logique voudrait que je le fasse et parallèlement, je suppose qu'ils savent aussi qu'ils devraient, légalement au moins, me venir en aide si j'en ai besoin.

Ce devoir de solidarité invisible et pourtant bien réel génère une culpabilité et perturbe les liens d'amour pur, à mon sens. Comme je n'ai jamais voulu instaurer une relation de pouvoir, de domination, de contrainte entre eux et moi, j'aimerais que mes enfants se sentent absolument libres de ne jamais me venir en aide financièrement. Est-ce pour autant souhaitable et surtout possible ?

La relation à mes enfants est si précieuse, si précieuse...

L'essence de ma vie

Je vous ai donné la vie
Vous me l'avez rendue
Sans vous je ne serai plus
Car c'est pour vous que je suis en vie

La vie a failli m'échapper tant de fois
Elle me glisse tout le temps entre les doigts
On dirait vraiment qu'elle ne veut pas de moi
Elle est tellement dure avec moi

La vie n'est pas un long fleuve tranquille, c'est clair
Elle a tenté cent fois de me faire trépasser, cette harpie
Comme à la guerre, elle s'est acharnée, a joué avec mes nerfs
Bien peu de répit elle m'a offert, cette chipie

J'ai tenu bon pour vous, rien que pour vous
Ne me laissez pas tomber, je n'ai que vous
Ne laissez pas la vie nous déchirer, nous éloigner
Ne croyez rien acquis, la vie est un combat acharné

Chaque jour, les yeux rivés sur l'objectif, attentifs
Les coudes serrés, l'amour pour bouclier rouge vif
Avançons dans la confiance et le respect mutuel
Comme un défi à la tentation de rejet engrammé, si cruel

Je vous ai donné la vie
Vous me l'avez rendue
Sans vous je ne serai plus
Car c'est pour vous que je suis en vie

Les fruits de la passion de ma jeunesse
Les prunelles de mes yeux d'ivresse,
L'horizon de mon soleil couchant,
La fierté de mon orgueil vieillissant...

L'essence de ma vie,
Merci à l'infini
D'avoir compris
Le sens de ma vie

Maman/Flomie
2023 03 30

Ascenseur émotionnel

Qu'il est dur de ne plus reconnaître son enfant
Qu'il est injuste de le voir vous rejeter sans ménagement
Qu'il est triste de devoir faire le deuil d'une belle relation
Qu'il est étrange de le voir changer à ce point

Des années durant, toute l'énergie et l'intention données
Pour œuvrer dans le sens du bien, du beau et du bon
Tant d'amour partagé dans un quotidien parfois chahuté
Tant d'espoirs nourris vers un avenir doux et chaleureux

Et puis la violence refait surface
Celle de l'enfance maltraitée enfouie
Celle qu'on a voulu nier
Celle qu'on a préféré fuir

La résilience n'aurait-elle qu'un temps ?
Le boomerang revient et frappe
Réveillant les douleurs infâmes
Enterrant les espoirs vaillants

Que faut-il donc pour que ça cesse ?
S'opposer, dire, écrire ne suffit pas
Crier, pleurer, se lamenter ne change rien
Accepter, patienter, espérer : est-ce la seule issue ?

Supporter l'insupportable jusqu'à en mourir...

2024 05 09

L'ascenseur émotionnel a-t'il fonctionné pour vous autant que pour moi ? Permettez-moi d'en douter… mais chacun vit les choses différemment et il est vrai que je les vis à fond et quand on est très (trop?) investi, la chute est vertigineuse… Je n'ai toujours pas réussi à ne pas m'investir à fond dans ce que j'entreprends… On dit que ce qui ne nous tue pas nous renforce. Je ne crois pas, non. Ce qui ne nous tue pas nous affaiblit, nous rend humble, nous rend vulnérable, peut nous entraîner vers l'irréparable mais ne nous renforce pas, pas toujours en tous cas ! Ce qui nous renforce vraiment à coup sûr c'est l'amour, la présence bienveillante, l'attention, la douceur, la gentillesse, la sincérité…

Des milliers de personnes âgées meurent dans l'indifférence générale, seules, pauvres et malades, abandonnées par leurs proches et par la société qui ne sait que faire de ces êtres devenus improductifs. Devenir une charge pour les siens et/ou pour la société est la plus grande peur de tous ceux qui vieillissent actuellement… Alors que dans les générations précédentes, les anciens étaient respectés, honorés, consultés pour dispenser leurs savoirs, aujourd'hui on les maintient en vie artificiellement dans des EHPAD… Je vois bien tous les efforts que font mes parents pour éviter cela et je leur donne entièrement raison et les admire, les remercie de cette attention discrète. Je ne sais pas comment les choses vont évoluer mais je me suis toujours dit que je ferai mon possible pour leur éviter « le mouroir », ainsi qu'à moi d'ailleurs. Mais vu mon état de santé, je doute de pouvoir être en mesure de leur venir en aide et cela m'attriste. De plus, vu l'état des communications avec mes sœurs, je me demande bien ce qui se passera quand le moment sera venu. C'est pourquoi il est plus qu'urgent de faire la paix, de se réconcilier, de se retrouver.

Une famille

*Une famille éclatée c'est moche
Ça fait mal, ça fait des encoches
Ça fait des trous dans les poches*

*Une famille divisée c'est un tort
Ça creuse le vide, ça brise les corps
Ça fait pleurer seul dans son for*

*Une famille cassée c'est un malheur
C'est désastreux, ça fend les cœurs
Ça détruit tout à l'intérieur*

*Une famille brisée, ça se répare aussi
Avec de la volonté, des mots choisis
Des cadeaux et des rires sans chichis*

Floésie
2023 12 25

Mon réveillon imaginaire

Ça y est, on est le 24 ! C'est l'effervescence, les courses ont été faites hier. On commence à cuisiner. Il ne faut pas être en retard. Tout doit être prêt. Tout doit être beau dans quelques heures. Tout doit être bon surtout ! Oh quelle joie ! Oh, quel bonheur ! Quelle chance ! Comme je suis heureuse ! Ça fait tellement longtemps que j'attends ça ! Bon, il faut s'organiser. Alors, les bonnes cuisinières... Lucie, mais si, je sais que tu adores préparer les desserts... ce sera ta mission comme d'habitude, tu vas nous faire des magnifiques petites mignardises au chocolat bien sûr... Nous on préparera les fruits secs fourrés à la pâte d'amande et puis si tu veux bien te lancer dans une bonne bûche ? Je ne sais pas quel parfum tu choisiras cette année. Fais comme tu as envie ! je suis sûr qu'elle sera délicieuse comme d'habitude. Pour le salé, il nous faudra des bras costauds pour ouvrir les huîtres... c'est mon plat préféré ! Tout simple mais un peu long à préparer et puis il faut beaucoup de plateaux. Où sont les plateaux ? Vous avez apporté des plateaux j'espère ? Il nous faut des plateaux, plein de plateaux pour toutes ces petites gourmandises que nous allons préparer tous ensemble, comme avant ! Donc les gros bras, ben, ça sera Kevin et peut-être Gaël. Ça me fait tellement plaisir de vous voir, ici ! Vous pouvez pas savoir ! Tous autour de moi, comme avant ! Alors pour les petits canapés, j'ai bien pensé à acheter du bon pain tranché sur lequel nous allons pouvoir tartiner du foie gras. tu sais, Kevin, le bon pâté de mémé et puis il faudra aussi tartiner du boursin, des œufs de lumpes et puis plein d'autres choses, plein d'autres choses dont je ne me souviens même plus mais vous, vous saurez. Vous saurez tout ce qu'il faut tartiner, préparer et puis on fera ça tous ensemble, comme avant, comme avant, comme avant. Il faudra préparer la table aussi. Elle devra être grande cette année. Il y aura du monde : papa, maman, mes 3 sœurs, mes 4 nièces, mes 2 fils, leurs compagnes mes 3 petits-fils. Oh, quel bonheur de vous savoir tous là ! Ça fait si longtemps que j'attends ça, si longtemps ! 15 ans ! 15 ans sans Noël c'était trop long ! Faut plus jamais refaire ça ! Alors, il faudra aussi penser à disposer les cadeaux. J'espère qu'on aura assez de place. C'est pas tellement ce que je préfère mais ça fait partie du jeu. Ils sont tellement émerveillés, les yeux des enfants devant le sapin de Noël et les cadeaux ! Et puis, l'ouverture des cadeaux, le lendemain matin alors que les parents sont bien fatigués d'avoir veillé, trop mangé, trop parlé... Quel bonheur de nous retrouver à moitié réveillés pas encore lavés ni habillés mais déjà en train de déballer les cadeaux. Bon ça, ça sera pour demain. Ce soir il faut que la fête soit belle. Quelqu'un a pensé à la musique ? J'adore écouter les chants de Noël tout en préparant les gourmandises. Alors elle est pas belle cette fête de Noël ? Elle vous manque pas, à vous ? Bon, c'est vrai ça fait un peu de vaisselle mais heureusement on a le lave-vaisselle maintenant. Ce soir, j'aimerais bien vous raconter un conte de Noël. Vous n'avez pas préparé de spectacle comme en 2007 ? Comme il était chouette ce spectacle !!! C'était le plus beau Noël que j'ai jamais passé en famille. On était tous là, je m'en souviendrai toute ma vie. Alors ce soir, je vous propose que chacun de nous à tour de rôle, intervienne de la façon qui lui plaît. Ça peut-être juste ne rien dire, ne rien faire, juste être là. Ça peut être chanter une chanson, raconter un souvenir, montrer des photos, lire un poème, proposer un jeu ou tout autre chose qui vous passe par la tête. Juste, restons le plus spontané et naturel possible, le plus près de notre cœur, le plus joyeux, le plus sensible, le plus doux afin que la magie de Noël soit là véritablement, en nous et entre nous ! Merci à tous d'être là ! Merci du fond du cœur ! Vous avez vraiment illuminé ma journée ! Je vous ai vu, revu dans toutes vos petites mimiques, chacun, chacune. J'ai imaginé nos interactions. Vous étiez bien là, avec moi, autour de moi, comme avant, comme avant, comme avant.

2022 12 24

Les Noëls de ces dernières années ont été un enfer pour moi. Vivre l'isolement toute l'année n'est pas plaisant mais à Noël, il y a pas de mots pour dire à quel point ça me plonge irrémédiablement dans un puits sans fond. Je n'arrive pas à comprendre pourquoi je suis la seule à en souffrir autant, apparemment. Je me doute que mes parents sont tristes eux aussi mais ils ne veulent pas en parler et encore moins agir de quelque manière que ce soit pour que ça change. Je ne peux me résoudre à les laisser seuls ce jour là, alors je les rejoins toujours même si l'ambiance est loin d'être à la fête comme autrefois. Quant à mes enfants, ils sont à présent si éloignés de moi autant géographiquement qu'affectivement, hélas… L'amour filial me semblait indestructible. Qu'en est-il vraiment ? Puisque j'ai réussi à pardonner à mes parents, je m'imagine qu'ils pourront le faire aussi, un jour…

Il y a bien eu des petites « réunions improvisées » en été mais j'en ai été exclue à deux reprises. Je vous laisse imaginer comment je l'ai vécu… Sans compter qu'à chaque fois que l'une de mes sœurs Emmanuelle ou Clara sont chez mes parents, je ne suis pas la bienvenue ! Certes, je n'ai pas la langue dans ma poche mais au point d'être devenue une pestiférée, n'y a-t'il pas un peu d'exagération ? Peut-on ainsi écarter, black-lister, ghoster un membre de sa famille sous prétexte que cette personne exprime son ressenti quand quelque chose d'incorrect se produit et qu'elle le dit ? Ne sommes nous pas des adultes capables de nous dire les choses simplement pour enfin nous comprendre, nous respecter à minima ?

Mon vœu est plus ambitieux...

Vivre l'union

Quand vous ne m'écoutez pas,
Quand vous ne me comprenez pas,
Quand vous ne me soutenez pas,
Je me sens seule, abandonnée

Quand vous ne me croyez pas,
Quand vous ne me respectez pas,
Quand vous ne me voyez pas,
Je me sens transparente, invisible

Quand vous ne me considérez pas,
Quand vous ne m'intégrez pas,
Quand vous ne me parlez pas,
Je me sens inutile, indigne

Même si je sais que vous ne le faites pas toujours consciemment,
Même si je suis loin d'être parfaite, j'en conviens aisément,
Même si vous ne pensez pas faire mal car préoccupés par votre quotidien chargé,
Je vous le dis gentiment, votre douce présence me manque

Même si parfois, j'ai l'impression d'être injuste, égoïste
Même si je prends le temps de me rassurer, m'aimer vraiment
Même si je ne vous dis rien pour ne pas vous blesser,
Je sais au fond de moi que ça n'est pas la solution

Loin de moi l'idée de vous culpabiliser, de vous accabler,
Loin de moi l'idée de vous obliger, de vous imposer,

Loin de moi l'idée de vous manipuler, de vous sous-estimer,
Mais l'envie profonde et sincère de nous retrouver dans la paix et la joie du cœur

Juste nous reconnaître comme unique et identique à la fois,
Juste nous sentir proches et authentiques en même temps,
Juste nous aimer de près comme de loin à tout instant,
Vivre l'union, la communion sans crainte ni honte avec tendresse tout simplement.

2024 04 05

En fait, j'aimerais que nous soyons les meilleurs amis du monde. L'amitié a été très importante dans ma vie pour me construire, peut-être plus que les relations amoureuses finalement, surtout ces dernières années. C'est clair que dans l'amitié, nombre d'enjeux ne viennent pas perturber la relation. Son but étant principalement de se soutenir émotionnellement et/ou matériellement, de partager des bons moments, de s'enrichir intellectuellement, je n'ai vécu quasiment que du positif en amitié. Même si j'ai perdu des amis en cours de route, comme tout le monde, mes amitiés ont été généralement durables et équilibrées. Voilà pourquoi je décide de leur rendre hommage ici alors que je ne l'avais pas prévu initialement...

16. Amitiés

Devenir amis paraît si facile, presque évident quand on est enfant. On ne se pose pas de question. Un regard, un sourire, un jeu et hop, c'est parti pour des heures de complicité spontanée, joyeuse. Cette insouciance, cette légèreté de l'enfance est un trésor, une richesse où je me réfugie souvent en rêve. La vie, les déménagements surtout, ne m'ont pas permis de garder des amitiés d'enfance. J'aurais tant aimé pourtant. Au fond de moi, il y a un sentiment profond de tendresse et d'affection pour toutes ces âmes qui ont croisé ma route à un moment où à un autre. Ils, elles m'ont donné des ailes parfois pour m'émanciper, me montrer d'autres univers, m'ouvrir sur le monde, les différences…

Celle qui a le plus compté pour moi fut sans conteste celle de Nelly que j'ai rencontrée à Paris. Elle travaillait dans le quartier que j'habitais et m'avait été présentée par mon compagnon de l'époque. Nelly m'a aidée à traverser le premier drame, la première séparation amoureuse importante de ma vie. Elle m'a accueillie chez elle et nous avons vécu en colocation même si le mot n'existait pas encore, pendant plusieurs mois, années. Avec ses dix ans de plus et le drame qu'elle avait vécu (le suicide de son compagnon malade qu'elle adorait), elle était un peu une grande sœur pour moi. Elle m'écoutait, me rassurait et on se remontait le moral mutuellement en s'amusant le plus possible. On avait décidé de croquer la vie à pleines dents, on n'avait peur de rien ! C'est sans doute cette ambiance joyeuse qui m'a permis de tomber si facilement amoureuse du père de Kevin. Nous mangions souvent au restaurant où il travaillait. J'ai vécu là les plus belles années de ma vie ! L'amitié et l'amour réunis, j'étais comblée ! Je suis quasiment sûre que c'est aussi grâce à cette belle amitié que

Nelly est tombée enceinte alors qu'elle n'avait pas pu avoir d'enfants auparavant. C'est ainsi que nos deux fils vinrent au monde avec à peine un an d'écart… Si seulement nous étions restées voisines comme nous l'avons un temps envisagé, je crois que la vie aurait été plus douce pour moi et probablement pour nous deux, nous quatre. A cette époque, malheureusement, je n'en avais pas conscience et elle non plus sans doute. L'amitié ne pouvait pas avoir un statut prioritaire dans notre vie. Nos familles respectives n'étaient pas voisines : cinq cents kilomètres nous séparaient après mon retour en Auvergne suite à mon baby blues qui faillit être fatal. Sa famille nombreuse et très soudée lui était indispensable après le décès violent du père de son fils. Évidemment nous avons gardé des liens très forts grâce au téléphone et nous avons continué à nous voir régulièrement, passer nos vacances ensemble pendant des années. Nous avons fêté nos 25 ans d'amitié au sommet du Puy-de-Dôme en 2014. Malheureusement, Nelly a rencontré les témoins de Jéhovah sur sa route et sans me donner d'explications, elle n'a plus répondu à mes appels et n'a plus donné de nouvelles. Je pense toujours à elle, à notre amitié si unique et si elle un jour elle voulait revenir, elle sait qu'elle pourrait le faire sans crainte que je lui fasse de reproches, comme presque tous mes vrais amis.

L'amitié

L'amitié est un bonbon
Il est doux et fruité
Comme les fleurs d'été
Dans la bouche il roule
Dans les yeux il danse
Dans le cœur il chante

L'amitié est un savon
Sur la peau il glisse
Dans l'intimité se faufile
Dépose son film d'amour
Dans les plis et replis
Sans détours ni contours

L'amitié est une folie
Sans passion mais à foison
Dans les champs, moissonne
Les attentions toutes roses
Remplit les vases sans les épines
Caresse l'âme sans la luxure

L'amitié est un gâteau au chocolat
Ravive l'enfance pleine de joie
Égaye les heures de surprises
Dans son nappage de confiance

L'amitié est un diamant brut
Se cisèle finement précieusement
Brille de mille feux en mille facettes
En un instant ou mille moments

L'amitié est une magie
Qui secourt sans réfléchir
Et réfléchit sa tendresse
Dans le miroir de la douceur...

Floésie
2020 12 26

Ami.e.s de toujours

Dans le catalogue de mes souvenirs
J'ouvre la page amitiés
Les plus belles arrivent en premier
Comme une douce mélodie qui vient
Me chuchoter des mots tendres à l'oreille
Des plus récentes aux plus anciennes il y a comme un air de déjà vu
Quelque chose de rassurant de confidence et de confiance
Ces heures passées à se raconter, se taquiner, rigoler
Ces heures de joies et de soutien, d'amour banal du quotidien
Sans qui sans quoi la vie serait bien trop lourde à porter
Des heures de vie indispensables, inoubliables,
Des heures gravées dans nos cœurs à jamais même si la Vie nous a séparé.e.s,
La nostalgie du temps passé qui ne reviendra jamais on le sait
Mais qui fait naître l'envie de recommencer encore et encore
d'autres moments pour l'éternité
Ils sont tous là mes amis du passé du présent et du futur dans mon cœur tout chaud, tout plein, tout fort grâce à eux...
Merci à vous mes ami.e.s de toujours
Je ne vous oublierai jamais ni ici ni ailleurs

2020 07 10

Que serait notre vie sans amitié ?

La priorité donnée à la famille d'origine et à celle qu'on construit, les heures de travail, les tâches ménagères, les soucis divers et variés qui nous assaillent quotidiennement peuvent facilement avoir raison de notre désir d'entretenir des amitiés. Il faut avoir pris conscience de leur fonction indispensable dans les moments difficiles de la vie pour comprendre que prendre soin d'elles est aussi fondamental que de prendre soin de notre propre vie. C'est dans l'amitié que se joue réellement notre humanité. Nous y apprenons à devenir meilleur, à donner autant qu'à recevoir, à être solidaire, à être authentique, à accepter l'autre tel qu'il est, à le soutenir même si on n'est pas d'accord avec ses choix et à le récupérer à la petite cuillère quand il s'est trompé, une fois de plus... Cette indulgence, cette bienveillance, cet amour inconditionnel ne peut exister pleinement que dans des relations saines. C'est ainsi qu'on y apprend à développer nos capacités relationnelles, celles qui m'ont tant fait défaut et que j'ai fini par à peu près maîtriser au fil des expériences, des échanges, des discussions, des apprentissages...

Je me souviens d'un temps où une assistante sociale m'avait demandé si j'avais des amis. La question m'avait surprise à l'époque. Je vivais seule avec mes deux enfants et venait de faire un burn-out. « Il faut que vous puissiez vous confier, raconter vos difficultés, vous faire aider en cas de besoin... ». Oh combien elle avait raison ! Je l'ai très vite compris et n'ai plus jamais négligé l'amitié. Puissions-nous tous en être conscients et pratiquer allègrement !

L'amitié

Quand l'amitié vient te sauver d'un enfer certain,
Qu'elle enchante tes jours et tes lendemains,
Qu'elle rend joyeuses tes journées ennuyeuses,
Elle ne peut seule t'arracher à ton destin, mais le rendre plus serein...

Chaque voie se dessine en lacets sur la piste des jeux enfantins,
Chaque roi se devine dans les traits des rochers cristallins,

Voir en elle, l'assurance des débuts et aussi des fins,
Croire en elle sans une ultime crainte de se voir déçu si tel est le destin,

Dans la douceur des jours heureux, créer les souvenirs sans les soupirs,
Et dans les malheureux, s'assoupir de pâles plaisirs,

A nul autre pareil, cet amour là ne se compare,
Réciproque sans équivoque, il choque et toque parfois,
Sans foi ni loi, il se dévoile au doux son de la confiance et de la révérence,
Mais ne supporte ni injustice, ni jalousie sous peine de rompre la belle harmonie,
Quoi qu'il en soit, c'est à l'inconditionnel qu'il a le plus beau, le plus parfait accord désuet !

2020 05 31

Juste une écoute

Quand le ciel s'assombrit tant que même les fleurs n'ont plus de couleurs,
Quand la pluie tombe si fort que même les arbres se cachent dans leurs coquilles,
Quand le tonnerre gronde si bruyamment que même les escargots partent en courant,

Mon cœur ne voit plus les beautés du monde,
Mes yeux pleurent les espoirs des autres jours,
Mes pensées broient tant de noir qu'elles s'auto-détruisent,

Tes bras sont mon seul recours,
Tes oreilles mon seul recueil,
Ton regard mon seul secours,
Tes câlins mon seul éveil,

Rien de plus, rien de moins,
Que tu sois mon compagnon ou pas,
Que tu sois mon ami(e) ou pas,
Rien de plus, rien de moins...

Juste une écoute parfaite,
Sans jugement, sans conseil,
Juste une oreille offerte,
Sans phrases toutes faites,

Juste une écoute délicate,
Sans jugement, sans conseil,
Sans psychologie de vieille,
Sans mots d'espoirs qui éclatent...

Juste une écoute légère,
Avec des silences enveloppants,
Avec des regards compatissants,
Juste l'écoute d'une mère

Juste une écoute, juste un câlin
Juste une écoute, juste un soutien...

Flomâgie
2021 02 24

Le cimetière des amitiés

Dans le cimetière des amitiés perdues se cachent bien des misères humaines...
Des ombres sans lumières perdues dans le dédale des espoirs révolus de perfections inavouables sacrifiées sur l'autel de l'ego détestable...
Des histoires sans lendemain créées de toutes pièces au théâtre de la peine perdue d'avance incurable...
Des avenues de malentendus imaginés pour justifier des incompétences notoires dans le prétoire des réfectoires jalonnés de pièges à démons minables...
Des fèves cassantes dans la galette des espoirs devenue désespoir sur la balançoire de nos vieilles armoires glissantes...
Des cris, des pleurs, des silences et des jugements sans concession sans amour sans ouverture sans avenir, avec regret avec tristesse...
J'y reviens parfois dans ce cimetière de cœurs de pierre sans en comprendre la raison...
J'y reviens souvent pour y retrouver un peu de ces bouts de cœurs à jamais perdus...
J'y reviens pour vous aimer encore et peut être plus si vous le vouliez...

À Nelly, Sabine, Catherine, Romain, Christophe, Cor et tous les autres...

Flodence
2021 04 18

Quand les amitiés se fanent, elles laissent un grand vide… Un deuil de plus à vivre… C'est d'autant plus ennuyeux qu'en vieillissant il devient de plus en plus difficile de se faire des amis véritables. C'est assez paradoxal puisqu'on a plus de temps (en théorie) et qu'on avance lentement mais sûrement vers la dépendance… Le problème vient d'une part, du fait que nous avons forcément eu des expériences douloureuses et que nous avons peur au fond de nous de les vivre de nouveau. D'autre part, nos caractères, habitudes, croyances, opinions et tout ce qui détermine nos choix, sont de plus en plus affirmés, bien moins souples que durant notre jeunesse… J'avoue que ma différence, mes particularités, ma maladie font que ça devient difficile de trouver de nouveaux amis et c'est fort dommage ! Mais, je ne vais pas me travestir, faire semblant, devenir une autre personne pour ça, comme me le conseillerait sans doute ma mère, malheureusement. J'ai mis tellement de temps à me trouver et à m'aimer que ce serait une aberration ! Et de toutes façons, l'amitié sincère ne peut se construire sur du faux, n'est-ce pas ?

17. Réconciliation

Quand on nous parle de réconciliation durant notre enfance, on se voit généralement intimé l'ordre de pardonner celui qui nous a blessé sans même avoir pu expliquer la raison du désaccord. Pourquoi agit-on ainsi en tant que parent ? Quel message envoie-t'on aux enfants en leur montrant notre incapacité à les inviter à trouver une solution par eux-même ? J'ai tellement bien intégré cet apprentissage délétère que je pardonne encore souvent avant même que la personne qui m'a blessée ne se rende compte qu'elle l'a fait, surtout quand il s'agit de mes proches ! Autant le pardon est libérateur quand il est donné avec le cœur et en conscience, autant il est une façon de se nier soi-même, de ne pas reconnaître le bien fondé de ses émotions et d'enterrer les conflits au lieu de les régler sainement. La réconciliation ressemblait donc pour moi, plus à une sorte de mascarade qu'à une volonté profonde de se comprendre, de s'accepter et de trouver une solution ensemble pour continuer de relationner en paix. C'est en faisant ce chemin vers moi, que j'ai enfin compris ce qu'était vraiment la réconciliation...

Joyeux anniversaire Florence,

Il y a 54 ans, tu choisissais de venir au monde, ma chérie.
Je suis fière de toi et du chemin que tu as parcouru car il était semé d'embûches et tu les a affrontées, dépassées, surmontées tant bien que mal... et je suis bien placée pour savoir que ça n'a pas été facile.
Tu n'avais pas grand chose mais tu as construit pierre après pierre l'édifice de ton bonheur au milieu du désert et du chaos.

Tu as su voir le beau et surtout suivre ton intuition.
Malgré tes peurs innombrables et immenses, tu as réussi à faire confiance à la vie et le plus extraordinaire à toi même.
Pleine de doute, tu es devenue petit à petit de plus en plus sereine et confiante.
Révoltée et rebelle, tu as su apprendre de ta colère et des injustices qui ont jalonnées ta vie.
Exigeante et impatiente, tu as su lâcher prise dans bien des domaines et laisser le temps faire les choses en paix.
Je suis fière vraiment très fière de toi et du chemin parcouru.
Courageuse et déterminée, tu as été jusqu'au bout de tes limites dans beaucoup de domaines.
Dynamique et motivée, tu as parfois baissé les bras mais jamais bien longtemps.
La maladie aussi tu as su l'accepter et la vivre comme une expérience sans la juger.
Ta sensibilité, tu as su développer et créer de belles animations et poésies.
Ta connexion au divin tu cultives patiemment en attendant de trouver un nouveau maître/guide.
Ton cœur tu cherches toujours à garder ouvert même si les conditions ne sont pas optimales.
Je suis fière de toi, ma belle car tu suis le bon chemin celui de l'amour, le vrai, le grand, le pur sans avoir peur de voir tes parts d'ombre et les guérir patiemment consciencieusement.
Je t'aime ma belle, je t'aime et je te souhaite le meilleur pour ces prochaines années en compagnie d'aussi belles personnes que toi, car tu le mérites tant !

2020 12 28

Vœu de réconciliation

Que chaque famille se réunisse
Que les erreurs se pardonnent
Que les horreurs s'évanouissent
Que les cadeaux se donnent

Oui, vœu de vraie réconciliation

Que les oublis s'oublient
Que les cris se taisent
Que les chagrins s'ennuient
Que les câlins soient balaises

Vœu de réconciliation profonde !

Que tous se voient enfin
Comme des trésors uniques
Comme de sublimes parfums
Donnant force volcanique

Vœu de l'union !

Que tous ouvrent leur cœur
Sans peur et sans reproches
Dans la paix de l'âme en fleur
Sans vouloir se remplir les poches

Oui, vœu de l'union pleine !

Que tous œuvrent avec l'intention
De garder de saines relations
En enterrant à tout jamais
La hache de guerre, pour la paix !

2022 12 07

Pour qu'une vraie réconciliation arrive, il ne suffit pas de le décider unilatéralement, vous vous en doutez. Murray Sinclair, qui a été nommé Compagnon de l'Ordre du Canada pour son travail à la réconciliation des populations autochtones et allochtones du Canada, a mis en place un protocole très structuré pour permettre à ces peuples traumatisés, déchirés depuis des décennies de se réconcilier profondément et durablement :

« Pour que la réconciliation fonctionne et pour que la relation soit renouvelée, il doit y avoir prise de conscience, acceptation, demande de pardon, réparation et action. » Murray Sinclair.

Toutes ces étapes peuvent prendre du temps mais doivent être explorées à fond. Je les ai traversées avant même de connaître cette citation. Je vous en fait part, à vous, mes proches car je crois, je suis sûre que nous sommes capables de faire ce travail ensemble pour le bien de tous et de chacun.

Les deux premières étapes, la prise de conscience et l'acceptation, sont plutôt intimes comme je l'ai raconté dans ce livre. Je me doute bien que vous n'aurez pas forcément envie de vous lancer dans cette aventure qui peut être délicate. Si par hasard, vous aviez la motivation et la force de le faire, croyez bien que vous en serez le premier bénéficiaire, même si la réconciliation entre nous ne devait pas avoir lieu pour je ne sais quelle raison.

Quant à la demande de pardon, elle peut être faite sur des actes précis dont on pourrait porter le poids de la culpabilité et ainsi s'en délivrer, mais elle peut tout autant être générale et garder toute son efficacité et sa justesse. C'est la forme que j'ai choisie de vous partager ici...

Pardonnez-moi

Pardonnez-moi d'être différente
Pardonnez-moi de ne pas vous comprendre
Pardonnez-moi de ne pas être comme vous
Pardonnez-moi de ne pas vous accepter tels que vous êtes parfois

Pardonnez-moi de ne pas savoir recevoir votre amour si étrange pour moi
Pardonnez-moi de ne pas savoir atténuer mon amour si pur, si grand qu'il vous brûle et vous éloigne de moi
Pardonnez-moi d'être si différente

Pardonnez-moi de ne pas pouvoir supporter cette violence ordinaire qui blesse sans cesse mon âme si sensible
Pardonnez-moi d'être comme un petit enfant malgré mon âge avancé, malgré tout ce que j'ai fait pour tenter de me relier à vous de la façon la plus saine possible
Pardonnez-moi d'être différente

Pardonnez-moi de croire au père Noël et à l'amour éternel et inconditionnel
Pardonnez-moi de vous déranger dans vos habitudes et certitudes
Pardonnez-moi de vouloir parfois vous montrer l'injustice, la trahison, la manipulation, les paradoxes, l'ignorance, la soumission dont vous faites preuve ou êtes victimes
Pardonnez-moi d'être si différente

Pardonnez-moi de ne pas fonctionner comme vous, de ne pas être mue par de vils désirs de pouvoir, de jalousie ou d'intérêts personnels
Pardonnez-moi d'être juste en train de tenter d'être moi, de me respecter, de m'accepter et de m'aimer et surtout d'être juste envers moi et envers vous
Pardonnez-moi d'être si différente
Pardonnez-moi

« Il nous arrive tous dans la vie de faire des erreurs. Mais la plus grave erreur serait de ne pas les reconnaître » Christopher Hall.

Demander pardon ne rabaisse personne. Au contraire, quand on demande pardon, on devient humble et on peut donc être fier de soi. Cela permet de se mettre au même niveau que l'autre et surtout de pouvoir le pardonner à son tour. C'est un outil très puissant de reliance que j'utilise régulièrement en conscience. Vous l'avez sans doute remarqué, il est très présent dans ce livre.

Il ne faut surtout pas oublier le pardon à soi-même dans le processus car il a un énorme pouvoir de libération sur la culpabilité, la honte, les jugements que l'on s'inflige à soi-même par imitation de ceux qu'on a reçu.

Je te pardonne

Je te pardonne pour ne pas garder de rancœur dans mon cœur

Je te pardonne pour te montrer que je t'aime toujours

Je te pardonne pour conserver un lien sain avec toi

Je te pardonne pour que tu puisses me pardonner aussi

Je te pardonne sans effacer, sans oublier, sans nier les faits

Je te pardonne sans me rabaisser, m'humilier, me culpabiliser

Je te pardonne sans crainte que tu te sentes supérieur, offenseur, abuseur

Je te pardonne dans l'espoir de ne plus avoir à le faire

Je te pardonne dans la joie et la foi en un avenir serein

Je te pardonne dans la croyance en une libération juste et pérenne

Je te pardonne dans la connexion à l'amour éternel, inconditionnel, universel

2024 01 17

Pour ce qui est de la réparation et de l'action, préconisées par Murray Sinclair, je ne peux qu'attendre que vous ayez passé les trois étapes précédentes.

Pour la réparation, soyez assurés que je n'attends pas de vous de m'écrire un livre en retour, un appel ou un courrier suffira amplement…

En terme d'action, après la lecture de ce livre, vous devez savoir ce qui me ferait plaisir et surtout nous permettrait de nous retrouver mais quelle que soit la forme que vous aurez choisie, seule l'intention sincère du cœur importe et par dessus tout votre désir de l'inscrire dans la durée…

Hélas la réconciliation seule ne suffira pas à faire de notre relation une belle relation, nous le savons tous intuitivement. On pense trop souvent qu'on n'a pas besoin de faire d'efforts pour avoir des relations saines alors qu'on devrait être convaincus du contraire. Puisque nous sommes différents les uns des autres, on ne peut se comprendre qu'en le désirant ardemment.

On ne peut apprendre à se connaître qu'en s'écoutant, partageant des bons moments ensemble.

On ne peut s'aimer qu'en s'interdisant de se juger les uns les autres. On ne peut communiquer sainement qu'en se faisant confiance, en exprimant nos ressentis sincèrement.

On ne peut être forts, unis qu'en prenant soin les uns des autres.

On ne peut être heureux qu'en nous aidant, nous soutenant, nous reconnaissant…

Acceptez vous ce défi ? Le trouvez-vous inaccessible ? Paris ne s'est pas fait en un jour. Il faudra peut-être du temps ou peut-être qu'au contraire on se retrouvera très vite car on fond, on s'aime déjà. On a juste oublié de mettre quelques ingrédients dans la recette pour que le gâteau soit délicieux…

Que ferez-vous de cette bouteille jetée à la mer ? La boirez vous ou la laisserez vous dériver encore jusqu'à ce qu'il soit trop tard ? Il n'est jamais trop tard pour bien faire, certes mais le temps tourne plus vite pour certains d'entre-nous. La vie peut s'arrêter du jour au lendemain et nous resterions avec nos regrets, bêtement. Ne remettons pas à demain ce que nous pouvons faire aujourd'hui.

Soyons conscients de l'importance de nos choix ou non-choix et de nos actions ou non-actions pour nous mais aussi pour les générations futures.

Soyons convaincus que nous faisons tous de notre mieux avec les moyens dont nous disposons à l'instant T et que chaque génération cherche à faire mieux que la précédente à l'aide des outils qui lui sont accessibles et ce depuis la nuit des temps.

18. Survivante

Ce chapitre n'existait pas dans la première version du livre. Il est donc le fruit du travail thérapeutique réalisé après l'impression et le partage de la première version avec mes proches. Je me dois de vous dire à quel point j'ai hésité à le leur donner. Je ressentais une peur panique de leur faire du mal, notamment à ma mère. Je ne savais plus ce que j'avais écrit qui pourrait être mal pris. Je voulais en finir avec cette peur au point d'avoir envie d'enterrer ce livre jusqu'à ce que quelqu'un le trouve, peut-être après ma mort. J'ai donc réussi à traverser cette peur pendant plusieurs semaines en résistant à l'envie de la fuir, en tentant de me rassurer sans grand succès et puis finalement en demandant de l'aide. Cette aide était absolument indispensable pour m'autoriser à lâcher vraiment ce livre vers sa destination et ses conséquences incertaines. Je remercie donc Laurence, qui me l'a fournie et sans qui je n'aurais pas pu faire ce travail qui m'a pris au final presque neuf mois !

Le titre de ce chapitre est la réponse que je lui ai souvent faite quand elle me demandait comment je me sentais. Pour vous aider à le comprendre, je me suis amusée à faire un petit résumé très succinct de ce que j'ai dû surmonter dans ma vie :

Deux traumatismes importants (décès de mon grand-père et maltraitance transgénérationnelle), TDAH non diagnostiqué, une dizaine de dépressions dont une avec TS, une multitude de trahisons en tous genres, des séparations amoureuses en pagaille dont une avec violence conjugale, trois métiers différents appris et des dizaines de boulot perdus, une vingtaine de déménagements, deux beaux projets abandonnés malgré tous mes efforts, et deux enfants élevés avec amour quasiment seule dont un avec TDAH, le tout sans revenus stables et raisonnables... Et pour couronner le tout, des relations familiales distendues voire brisées et une maladie (lyme) absolument atroce sans traitement connu et sans guérison possible, vécue dans la solitude et sans reconnaissance de la part du corps médical...

Si après tout ça, je ne peux pas dire que je suis une survivante qui mérite la reconnaissance de ses proches à minima, que dire d'autre ? Mais ce mot de survivante a un autre sens qui me parle aussi beaucoup. En effet, on peut l'entendre comme celle ou celui qui est plus vivant.e, qui vit les choses plus intensément que la plupart des gens. Ce n'est pas toujours un avantage mais c'est un fait qui a pris beaucoup de place dans ma vie.

Mais alors cette reconnaissance tant convoitée est-elle finalement arrivée ? Je suis certaine que cette question vous taraude. La réponse dépendait de l'accueil et des retours de mes proches. En fait, c'était ce que je croyais mais finalement, c'est la démarche de cette quête qui me l'a donnée. Cela peut paraître étrange, pourtant même si certains retours ont été vraiment très agréables et surprenants. Une fois que le livre a été donné à mes proches au moment de Noël, la peur de leurs réactions est totalement retombée et a laissé place à un soulagement qui m'a surprise moi-même. L'attente des retours m'a parue longue, stressante mais j'ai fini par accepter l'idée qu'ils ne changeraient pas grand chose à nos relations au final. Cette idée là m'a donc permis de me détacher de l'objectif que je m'étais fixé, ce qui m'a libérée de l'attente et du résultat. C'est finalement mon inconscient au travers d'un rêve puissant qui m'a donné la réponse à cette question : j'étais au travail dans les bureaux (ce qui ne m'est plus arrivé depuis vingt ans). Je rentre donc dans mon bureau et je vois une multitude de petits cadeaux dorés posés là dans un grand sac transparent de la part de mes collègues. Cette vision me remplit de joie et mes pensées vont vers ceux qui me les ont offerts, le cœur rempli de gratitude et d'amour. Je me réveille et continue à ressentir cet amour puissant dans cet état si particulier de semi-éveil. Je le revis encore en vous le décrivant.

A présent, je me dois de vous raconter quelques unes des conséquences de cette reconnaissance, renaissance :

La première est que j'ai pu vous parler du silence dans ce chapitre qui ne comportait que des poèmes, ce qui a apporté sans doute des éléments de compréhension plus clairs, plus précis et si importants pour moi. On peut donc dire que j'ai gagné une libération de la parole là où je ne m'autorisais pas encore à m'exprimer pleinement. Cela m'a permis d'aller plus loin également dans plusieurs chapitres comme celui sur les mots, l'amitié, la réconciliation, donnant ainsi plus de profondeur à ce livre déjà bien touffu.

La deuxième est que j'ai pu enfin clôturer ce livre avec ce nouveau chapitre qui permettra je l'espère à ceux qui me liront ou reliront de comprendre l'intérêt d'un livre thérapeutique autant pour celui qui l'écrit que pour celui qui le lit.

Pour finir, à ce jour, je peux dire que je me sens apaisée, convaincue d'avoir fait ce que je devais faire, autant pour moi que pour mes proches et tous ceux qui me liront. Laisser une trace de tout ce travail pour mes enfants et petits-enfants me semble important aussi pour leur donner l'envie de le perpétuer s'ils le souhaitent.

Maintenant, laissez-moi vous partager quelques uns des retours qui m'ont été fait :

« C'est un livre poétique et qui fait voir qu'on peut sortir de grandes douleurs tout en ayant la maladie. »

« Il (ce livre) m'a fait sourire, planer, me questionner. J'ai fait moi-même beaucoup de guérisons mais il m'a libéré de blessures que je croyais guéries. »

« Waouh, quelle puissance ! Véritable cri de libération. Les émotions sont palpables. J'ai eu du mal à le lâcher jusqu'à la fin. C'est un très beau récit d'une vie douloureuse qui mène à la résilience et la sagesse. C'est un message d'espoir pour tous ceux qui souffrent. »

« Je dirais qu'il (ce livre) peut parler à tout le monde ou à tout le moins à celui qui a entamé un chemin vers lui-même et vers la réparation de ses traumas. »

« Ce livre m'a inspiré un sentiment d'admiration pour tout le travail que tu as pu/su faire sur toi en espérant qu'il porte ses fruits, pas uniquement par rapport à ta famille ! »

« Je te remercie pour ce livre. Je le trouve très complet. Il est une vision holistique de la vie à mon sens. Sur le chemin vers l'éveil. Je m'y suis beaucoup retrouvée …/… et je pense que beaucoup s'y retrouveront. »

Ces mots m'ont profondément touchée, vous vous en doutez. Autrefois, je n'aurais pas été capable de les recevoir et d'en apprécier toute la valeur, toute l'énergie bienfaitrice. J'aurais jugé qu'ils étaient complaisants car provenant de mes proches ou amis, n'étaient pas représentatifs car peu nombreux, pas qualitatifs car ne provenant pas de personnes qualifiées, etc. Or, cela n'a aucune importance car il ne s'agit pas d'une étude scientifique. Je les en remercie du fond du cœur car la reconnaissance qu'ils m'apportent est suffisante pour me donner confiance en moi et en l'avenir de ce livre. Cette reconnaissance est profondément ancrée à présent et nous relie sainement et durablement. Elle a le pouvoir d'embellir notre relation par le simple fait de son existence et ça c'est magique !

Je reconnais toutes les épreuves douloureuses que j'ai surmontées avec courage et constance.

Je reconnais les évolutions incroyables que j'ai réalisées.

Je reconnais les aides pertinentes et importantes que j'ai reçues de mes proches et d'autres personnes (professionnelles et amicales).

Je suis heureuse que tout cela soit à présent vu et reconnu par mes proches.

Je suis heureuse d'être enfin capable de me montrer à tous, telle que je suis, sans honte ni gêne.

Je suis heureuse d'être accueillie et acceptée dans mon intégralité et mon intégrité, en toute simplicité.

Je rends grâce à la Vie qui m'a donné l'occasion de vivre cette/ces expérience(s) inouïe(s)…

Puissions nous tous nous reconnaître nous-même et les uns les autres pour renaître à nous-même ensemble dans l'amour et la paix !

Épilogue

Nous voilà enfin arrivés au moment de nous quitter. Toutes les bonnes choses ont une fin, paraît-il. Et les mauvaises ? Souhaitons que ces pages contribuent à les remiser au rang de mauvais souvenirs inopérants.

Vous l'avez sans doute remarqué, ce livre est loin d'être exhaustif dans ce domaine et heureusement, mais il ne l'est pas plus dans la question du prendre soin et de bien d'autres sujets qui me tiennent à cœur comme celui de la spiritualité. Il y aura donc peut-être d'autres livres à venir. Je peux d'ores et déjà vous annoncer qu'il y aura des recueils de poésie car ils sont impatients de vous rencontrer…

Cette troisième version contrainte par le fait qu'on m'a interdit de publier les prénoms de mes petits-fils, m'a permis de faire quelques modifications esthétiques et donnera peut-être une valeur supplémentaire à la précédente dont je garde un exemplaire au chaud pour chacun d'eux… Par ailleurs, après l'avoir digérée, cette situation me donne une idée de titre pour un prochain livre. Dans tous les cas, trouver le moyen de dépasser, contourner, transcender est à la portée de chacun d'entre nous : créons, créons, créons car nous sommes faits pour ça !

Ce livre que je n'arrive pas à ranger dans une case, celle de l'essai ou du récit de vie, du livre thérapeutique ou d'une bouteille à la mer a une forme étrange… En fait, il me ressemble, incasable, indomptable, différent. J'ai hésité à me faire aider, relire par un professionnel et puis j'y ai renoncé pour plusieurs raisons dont la question financière évidemment. J'avoue qu'au final, je suis assez satisfaite du résultat (même imparfait), justement parce qu'il ne ressemble à rien que je n'ai lu ou vu.

Je vous invite chaleureusement à me faire un retour bienveillant, constructif, sincère si vous en avez l'envie, le temps par mail à cette adresse crée pour l'occasion : floesieetcie@gmail.com.

Au plaisir de vous lire à mon tour !

Remerciements chaleureux à

Laurence Bouyer pour l'impulsion de départ et le soutien jusqu'au bout !

Jean-Paul Boymond pour les corrections, son soutien inconditionnel depuis notre rencontre, sa générosité et cette magnifique couverture !

Karine pour sa relecture et son soutien sincère et amical depuis notre rencontre !

Merci également à tous les autres ami.e.s lecteurs, lectrices, notamment Damienne, Marie, Isabelle qui ont accepté de me lire, de me faire un retour plus ou moins détaillé sur leurs ressentis et qui m'ont fait des propositions d'améliorations dont j'ai parfois tenu compte et parfois non.